高速公路平安百年品质工程建设班组管理标准化指导手册

王　博　主编

人民交通出版社
北　京

内 容 提 要

本手册依托大量工程项目，从构建高速公路平安百年品质工程建设班组管理标准化体系出发，介绍了班组管理标准化工作。全书分为22章，包括总则、工作目标、管理职责、班组管理概述、班组平台建设、班组管理运作、班组施工作业标准化管理提升、班组施工作业标准化建设主要举措、班组高效管理方法、施工班组作业标准化考核、班组应急体系建设、班组预验收管理、班组管理“七小招”、班组各岗位应急处置卡、施工班组现场三十六个常见工种安全应知应会漫画、班组各主要工种施工现场安全注意事项、班组自救互救技能、岗位操作手册、班组施工现场安全作业“十不准”、班组管理台账、班组安全责任书及安全承诺书、班组安全风险告知等内容。

本手册可为高速公路建设项目管理人员和一线班组人员提供指导。

图书在版编目(CIP)数据

高速公路平安百年品质工程建设班组管理标准化指导手册/王博主编. —北京：人民交通出版社股份有限公司，2025.6. —ISBN 978-7-114-20367-1

Ⅰ. U415.12-62

中国国家版本馆 CIP 数据核字第 2025SS1918 号

书　　名：高速公路平安百年品质工程建设班组管理标准化指导手册
著 作 者：王　博
责任编辑：陈力维
责任校对：赵媛媛　刘　璇
责任印制：张　凯
出版发行：人民交通出版社
地　　址：(100011)北京市朝阳区安定门外外馆斜街3号
网　　址：http://www.ccpcl.com.cn
销售电话：(010)85285857
总 经 销：人民交通出版社发行部
经　　销：各地新华书店
印　　刷：北京科印技术咨询服务有限公司数码印刷分部
开　　本：787×1092　1/16
印　　张：14.25
字　　数：291千
版　　次：2025年6月　第1版
印　　次：2025年6月　第1版　第1次印刷
书　　号：ISBN 978-7-114-20367-1
定　　价：78.00元

《高速公路平安百年品质工程建设班组管理标准化指导手册》编写单位及人员

主编单位：浙江交投交通建设管理有限公司

参编单位：浙江交工集团股份有限公司大桥分公司

浙江交工宏途交通建设有限公司

中铁十六局集团有限公司

浙江交工路桥建设有限公司

浙江交工金筑交通建设有限公司

宁波交通工程建设集团有限公司

前言

班组是企业的基本作业单位，是企业内部最基层的劳动和管理组织。因此，班组在企业中也多为最小行政单元。企业的一切工作，最终都要通过班组得到落实。企业管理的成功，离不开班组的穿针引线。做好班组管理，是企业管理的基础。班组与企业的关系，如同地基与大厦——没有班组作扎实基础，企业大厦将无法立足于松软的土地之上。

推进规范化的班组管理建设，要从班组作业标准化建设入手，系统建立班组作业标准化管理体系。对项目全线工点按工序进行网格化划分，建立“指挥部—监理办—项目部—工区—班组”五级“网格化”安全管理体系；树立“抓班组就是抓现场”“把管理链条主动延伸一公里”的理念；严格班组长、班组安全员准入考核，严格执行班组“首件认可制”“清退制”；联合监理、施工单位开展形式多样的班组安全教育活动；现场严格落实“6S”管理和“工点工厂化”要求；通过班组经验交流活动和“最美监理”“最美班组”“最美工人”考核评比，积极发挥一线作业人员智慧，开展“三微改”。

为切实做好高速公路建设项目的班组规范化管理，全面推进在建项目班组作业标准化创建活动，夯实项目安全质量管理基础，规范一线班组人员作业行为，推进产业工匠培养和各级安全生产责任落实，特编写本手册。本手册依托大量工程项目，从构建高速公路平安百年品质工程建设班组管理标准化体系出发，分22章为读者系统介绍了班组管理标准化工作。

本手册由浙江交投交通建设管理有限公司牵头，联合浙江交工集团股份有限公司大桥分公司、浙江交工宏途交通建设有限公司、中铁十六局集团有限公司、浙江交工路桥建设有限公司、浙江交工金筑交通建设有限公司、宁波交通工程建设集团有限公司等单位共同编制。

由于编写时间仓促，书中难免存在不足之处，敬请读者批评指正。

编 者

2024年12月

目录

1 总则

1.1 编制背景

现代企业的管理结构一般都是“金字塔”模式,基本上可以分为三层,即决策层(高层)、执行层(中层)、操作层(基层)。一般而言,高层“动脑”,中层“动口”,基层“动手”。施工班组即为操作层。

施工班组是公路建设项目的最小组织单元,是工程项目各项管理制度、施工方案的最终落实单位。班组的管理水平和人员素质,直接影响工程项目的质量、安全和进度。与制造类企业班组相比,公路施工班组存在作业场所不固定、作业时间不固定、作业程序不固定、作业人员不固定等特点。近年来,随着公路工程标准化管理、“品质工程”建设、“平安工地”建设的持续推进,公路工程建设管理水平得到了较大提升,班组建设的理论研究和实践探索也受到高度重视并取得了一定进展。例如,通过开展民工学校、班前讲台等多种活动,部分施工企业在班组内部运作、自我管理方面取得了一些经验。但总体来看,班组建设仍滞后于公路项目建设管理的整体发展要求,滞后于施工标准化、品质化的要求。

2016 年 12 月,交通运输部在《关于打造公路品质工程的指导意见》(交安监发〔2016〕216 号)中明确提出“要推进班组管理规范化。建立健全施工班组管理制度,强化班组能力建设。加强施工技术交底,实行班前教育和工后总结制度。推行班组首次作业合格确认制,强化班组作业标准化、规范化和精细化。全面推行班组人员实名制管理,强化班组的考核与奖惩,夯实基层基础工作。”

未来,公路施工班组建设要结合专业化、职业化、信息化,向规范化、标准化管理方向发展。

1.2 编制目的

加强以一线工人为主体的施工班组规范化、标准化建设,是落实交通运输部工作要求，强化工程项目基础管理，提升工程项目管理水平，打造“平安工程”“品质工程”的内在需求；是提高一线工人整体素质，着力解决质量、安全管理中的“最后一公里”问题，提升公路建设项目管理水平和实效，推进工程施工标准化、建设项目品质化、产业工人职业化的有力举措。

为逐步规范公路工程施工班组管理，提高一线作业人员整体素质，加快培养职业化、产业化工人队伍，建立健全施工班组管理制度，完善施工班组激励导向机制，强化班组能力建设，进一步提升公路工程建设品质提供参考和指导。

1.3 指导思想

以班组为基本单元，以作业流程为抓手，划片分区形成班组“网格化”管理体系，建立健全施工班组管理制度，强化班组能力建设，加强施工安全技术交底，实行班前教育和工后总结制度。推行班组“首件认可制”，严格执行班组人员实名制管理，全面推行“连、排、班、室”管理，强化班组的考核与奖惩制度，全面实行“工点工厂化”和班组“6S”①管理，提升班组作业标准化管理水平。

施工单位根据项目工程特点，结合分部分项工程开展情况，着力推进班组作业标准化建设，将“首件认可制”作为班组准入条件；通过“树立标杆、推广复制”等方式开展班组作业标准化建设活动，通过开展活动改善作业人员生产环境、规范作业人员生产行为，使项目安全文化向基层人员渗透；提高全员安全意识水平和综合素质，激发全员自我安全管理的意识，实现“工点工厂化、工人产业化”，形成夯实项目基层安全生产管理的长效机制。

1.4 编制依据

本手册依据《建设工程质量管理条例》《建设工程安全生产管理条例》《公路水运工程质量监督管理规定》《公路水运工程安全生产监督管理办法》《关于打造公路水运品质工程的指导意见》及国家和行业主管部门其他有关文件和标准规范等编制。

---

① “6S”指整理、整顿、清扫、清洁、素养、安全6个项目。因前5个词的日文罗马标注发音和第6个词(安全)的英文单词都以“S”开头，故简称“6S”。

1.5 适用范围

本手册适用于新建、改建、扩建高速公路工程施工班组建设，其他项目可参照使用。

1.6 推进方式

具备条件的公路建设项目可根据本手册制定实施方案，按照“先行试点、逐步推进”的原则在各项目、各班组稳妥推进实施。

2 工作目标

通过班组作业标准化创建活动的有效开展，改善生产环境，规范作业行为，全面落实班组作业标准化管理工作机制，努力实现在建项目班组作业制度化、规范化、程序化、精细化管理，从而达到工程质量优良、生产安全的目的，为“平安百年品质工程”的创建提供良好的条件。

3 管理职责

3.1 建设单位管理职责

3.1.1 宜将班组标准化建设要求纳入招标文件和合同条款。

3.1.2 应督促施工单位制定并落实班组标准化建设方案，确保班组标准化建设工作有序推进。

3.1.3 对施工单位标准化班组评选情况进行评价。

3.2 监理单位管理职责

3.2.1 审查施工单位班组标准化建设方案，同意后报建设单位。

3.2.2 监督施工单位按照方案落实班组标准化建设。

3.2.3 对施工单位标准化班组评选情况进行审核。

3.3 施工单位管理职责

3.3.1 施工单位是班组标准化的实施主体。

3.3.2 根据建设单位班组建设要求，编制班组标准化建设实施方案，并报监理单位审核、建设单位审批。

3.3.3 应建立班组管理和运作的责任体系，健全管理制度。

3.3.4 应按照班组标准化建设方案开展各项工作，对班组建设进行全过程管理。

3.3.5 对班组的标准化建设情况进行评选。

3.3.6 鼓励和引导施工班组紧跟新技术发展趋势，鼓励施工班组积极推行工艺微改进、工法微改良、设备微改造，提高工作效率。

3.4 班组长管理职责

3.4.1 班组长的特点

班组长的特点可用16字概括："麻雀"虽小，决策不少；职位不高，责任不小。

3.4.2 班组长的地位

班组长是班组生产管理的直接指挥者和组织者，是企业中最基层的负责人，是一支人员规模非常庞大的队伍。该岗位注重团结协作，合理地组织人力、物力，充分利用各方面信息，充分发挥全班组人员的主观能动性和生产积极性，使班组生产均衡有效地进行，产生"1+1>2"的效应。班组长既是产品生产的组织领导者，也是直接的生产者。

3.4.3 班组长的使命

班组长的使命是在生产现场组织创造利润的生产活动。具体包括：提高产品质量——领导员工为按时按量地生产高质量的产品而努力；提高生产效率——在同样的条件下，创新并挖掘生产潜力，改进操作和管理，生产出更多更好的高质量产品；降低成本——节省原材料，节约能源，降低人力成本；防止工伤和重大事故——努力改进机械设备的安全性能，培训、指导、监督下属严格按照操作规程办事。

3.4.4 班组长应具备的素质

班组长应具备的素质包括以下几个方面：

(1)思想政治素质——有较强的事业心和责任感，是当好班组长的首要条件。

(2)专业技术素质——熟悉生产工艺、技术较精，是当好班组长的重要依据。

(3)管理素质——会管理，具备一定的组织能力，是当好班组长的中心点。

(4)文化素质——具备一定的文化程度，是当好班组长的文化基础。

(5)心理、身体素质——能团结员工，身体状态良好，是当好班组长的必要条件。

3.4.5 班组长的管理职责

班组长的主要管理职责有班组管理，制定生产计划、工作指导，提供质量保障，负责安全管理、团队建设、数据分析等。具体包括:保证高效、合理、经济地按工段的要求组织安全生产,并提供合格的产品;负责制定班组员工柔性化培训计划并组织实施各项培训,督促班组员工做好设备点检工作;负责及时处理现场质量问题并记录和反馈,完成班组各项工作指标;负责本班组的组织建设与成员考核管理工作,确保班组成员的健康成长;负责具体任务的分解、实施,确保生产计划顺利完成;协同项目部对所在班组进行安全文明生产培训,协助安全技术管理部门对一线员工进行定期培训,通过激励创新,提高员工积极性、能动性,挖掘员工潜力;全面开展工业工程,优化作业方法,提高员工技能,通过加大工艺改进力度等方法,不断提高生产效率,降低生产成本;负责监督员工对设备的正常使用、清理、检查、保养工作,提前发现异常及时解决问题,保证生产顺利进行;对本班组生产产品的质量、数量、工(料)废数量负责,并负责督促员工及时将工料分类、分区存放;加强与员工沟通,关心员工,了解并及时向上反映员工的心理波动,解决员工在实际工作中遇到的困难。

总的来说,班组长需要具备一定的自主性、判断力和决策力,始终以企业的利益为重,为员工的发展和公司的未来把握机遇,并提高班组的综合效益。

班组长每日所做的工作分析流程框架、职能框架、评估框架见表 3-1 ~ 表 3-3。

班组长每日所做的工作分析:流程框架 表 3-1

<table>
<tr><th>职责要素</th><th>工作流程</th><th>管理要点</th></tr>
<tr><td>安全
管理</td><td rowspan="6">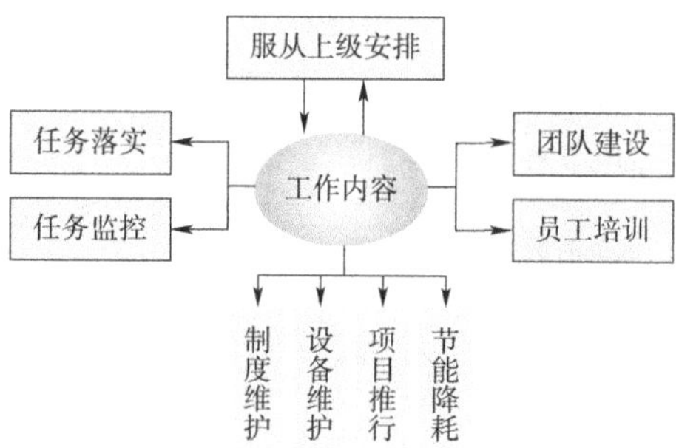
</td><td>物的状态;
人的行为</td></tr>
<tr><td>组织
生产</td><td>工艺纪律;
操作纪律</td></tr>
<tr><td>日常
事务</td><td>定制化;
规格化</td></tr>
<tr><td>人员
关系</td><td>绩效提升
(学习培训)</td></tr>
<tr><td>问题
改进</td><td>持续改善
(PDCA)</td></tr>
</table>

注:PDCA 指计划(Plan)、执行(Do)、检查(Check)和处理(Act)。

班组长每日所做的工作分析:职能框架 表 3-2

组织生产	目的	内容	效果
日常管理	建立班组工作的规则与要求	规则程序; 企业规章; 工作定义; 工作指导; 工作评估	规范工作

续上表

组织生产	目的	内容	效果
建立关系	界定个人角色与团队目标	角色定义； 团队目标； 地位符号； 上下整合； 左右整合	提升士气
持续改进	帮助生产区域改进工作内容与方式	变化点管理； 异常处理； 环境输入； 问题解决	工作创新

班组长每日所做的工作分析：评估框架 表 3-3

少数关键性的目标	衡量
安全	员工工作时间内受伤次数； 因受伤造成的工时损失； 受伤事件中需要的医药费； 受伤造成的损失
成本控制	与预算的差距； 与标准单价的差距； 间接花费
人员	训练时数； 旷职天数； 加班时数； 流动率
维修	机器故障时间； 机器故障时间百分比； 故障造成的损失； 依进度完成事先维护的设备百分比； 操作员花在紧急维修的时间占其工作时间的百分比； 附有事前维护手册与进度的设备占总设备的百分比

3.4.6 班组长的权限

在班组日常管理中，班长应当拥有如下权限：

(1)班组长对班组具有指挥管理权。

(2)班组长具有劳动指挥权。班组长有权对本班组的劳动力进行调配;有权改善劳动组织,实行优化组合;有权批准一定范围内的假期,安排顶班倒休;有权执行劳动纪律,维护生产正常秩序。

(3)班组长具有完善制度权。班组长有权制定管理实施细则,落实各种工作制度和责任制度。

(4)班组长具有抵制违章权。班组长有权制止违章操作,拒绝违章指挥。

(5)班组长具有奖罚建议权。

(6)班组长具有奖金分配权。

(7)班组长具有举才建议权。

(8)班组长具有维护权益权。班组长有权维护班组员工的合法权益。

4 班组管理概述

4.1 班组管理原则

班组管理应坚持以人为本、注重团队建设、实行民主管理、强化制度约束等原则，以确保班组管理的科学性和有效性。

4.2 管理目标

实现班组生产安全、质量稳定、效率提升、成本降低等，为企业创造更大的经济效益和社会效益。同时，关注员工个人成长和发展，提升员工满意度和归属感。

4.3 班组精神

班组精神如图 4-1 所示。

图 4-1　班组精神

4.4 班组管理的内容

4.4.1 管好人

人是组织最重要的资源,作为班组管理者,第一要务就是管好人。具体来说,管好人主要包括以下几个方面:

(1)选好人。选人要严格把关,不能因缺人而选错人,要选择品德好、性格端正、执行力强的人。这是班组管理的基础。

(2)定岗练人。新员工进组后,要为他们安排合适的岗位,提供必要的培训,使他们尽快熟悉工作内容和要求。若定岗不当,则会影响员工的积极性。

(3)激励人。建立合理的激励机制,让员工的努力付出得到回报。表扬勤奋员工,批评懒散员工,激发员工的工作热情。

(4)约束人。制定严格的规章制度,进行必要的监督检查,使员工守纪律、遵章程。同时,要坚决查处违反规定的人,维护组织的权威性。

(5)培养人。关心员工成长,为他们提供培训机会,帮助他们提高工作技能和综合素质。员工成长了,组织的整体实力也会得到提升。

(6)关爱人。班组是一个集体,管理者要充分关心员工的身心健康、生活起居等,让他们觉得班组温暖如家,在班组内部形成强大的凝聚力。

4.4.2 做好事

管理人是基础,但更重要的是要做好本职工作,完成生产任务。要做好事,以下几点需要注意:

(1)确定目标。各时期的生产目标要明确量化,层层下放到每个员工,使之成为可操作的个人目标。目标要适当拉高,激发员工主动性。

(2)制定计划。按照目标要求制定出详细、合理的工作计划,并层层分解,明确任务重点、进度和人员分工,确保计划的可操作性。

(3)抓全过程。计划是假设,关键看执行。管理者要检查员工是否按计划行事,发现问题及时提醒或纠正,防止偏离目标;同时,要跟紧进度,保证关键节点顺利完成。

(4)汇报信息。建立日、周报等汇报制度,随时掌握工作动态;定期召开工作会,交流情况,解决问题。信息流通,才能及时调控。

(5)总结提高。任务结束后要组织总结,交流经验教训,并积极表扬先进。不断总结提高,促进工作持续改进。

4.4.3 常改善

为适应快速变化的外部环境,组织要不断自我改善,才能永续经营。在自我改善的过程中,以下几点值得注意:

(1)关注内外。既要看班组内员工的情况,也要关注市场环境变化、客户需求演变等外部信息,防止与外界脱轨。

(2)改进流程。注意总结员工反映的程序不便、沟通不畅等问题,改进不合理流程,提升组织效率。

(3)转变观念。管理理念、经营模式都要与时俱进,防止思维定式;也要引导员工更新观念,使其拥抱变革。

(4)推行创新。鼓励员工创新,对底层员工的创新想法要重视采纳,努力把创新转化为实际生产力。

(5)提升能力。组织和员工都要不断学习新知识、掌握新技能,使之与工作要求和时代发展相适应。学习型组织才有未来。

综上所述,班组管理要做好三件事,即管好人、做好事、常改善。其中,管好人是基础,做好事是关键,常改善是动力。只有在人事基础牢固、关键工作流程高效、组织思想与时俱进的情况下,班组才能在竞争中立于不败之地。每一位班组管理者都要牢记这三件事,努力实现科学和高效的班组管理。

4.4.4 管人要双管齐下

一方面要靠刚性的制度来约束人;另一方面要靠柔性的文化来感化人、熏陶人。打造班组管理文化,就是调节好班组内部的氛围和每个人的心态。

4.4.5 做事与管事

管理要讲究闭合。管事要靠两方面:一是工作流程,二是考核标准。定期对班组进行检查和考核,并做到奖罚分明。

4.5 班组组建

4.5.1 组织架构

项目部应建立“班组标准化建设”领导小组,明确组长、副组长,将各施工班组纳入项目部组织管理体系当中,形成一套完整的管理架构,逐级落实各项任务。

4.5.2 领导小组职责

领导小组的职责包括：

(1)贯彻落实上级部门关于“班组标准化建设”具体要求，做好相关工作，具体负责项目部各班组建设活动的指导、监督、检查和考评。

(2)制定“班组标准化建设”活动实施方案和细则，加强组织和领导，落实责任和措施，确保活动持续有效地展开。

(3)制定相关班组质量安全管理制度，明确岗位职责、操作规程；加强班组长队伍建设，并加强班组日常管理、教育培训及文化建设。

(4)对“班组标准化建设”活动开展情况定期进行分析总结，不断改进提高。

4.5.3 班组(工人)准入

班组(工人)准入包括以下几个方面：

(1)在班组层面，班组进场前对班组长个人信誉和品格，以及班组人员组成、相关工作业绩、协作能力等方面进行把关。

(2)在工人层面，班组进场后对工人的年龄、健康状况(岗前体检)、岗位技能、适宜工种等方面进行把关。

(3)推行工人实名制管理，与公安部门做好对接和排查，通过为每名工人办理暂住证或将工人身份信息报公安部门备案等形式，确保进场工人均为守法公民。

4.6 班组长日常生产现场管理内容

4.6.1 “6S”管理

“6S”管理的内容包括：整理、整顿、清扫、清洁、素质、安全。

4.6.2 人员安排

人员安排指对当日工作按人员进行合理的安排。

4.6.3 作业标准

作业标准指为了维持日常工作的稳定性和持续性，而决定及遵守的最佳工作程序和基准(含负荷的平均化和定时定点定量的理念)。

4.6.4 变化点管理

变化点管理包括管理差异的变化及初始生产品、变更点等。

4.6.5 例外管理

例外管理指异常发生的和例外的工作和业务要与日常工作区别管理。

4.7 用工实名管理

4.7.1 管理流程

严格实施施工作业人员进退场登记制度,坚持先实名制登记再进场作业。施工作业人员进退场登记应按照如下程序进行:

(1)登记分包单位和劳务合作单位(如有)进场信息:单位信息、工程或施工内容信息等。

(2)登记所属班组进场信息:班组信息、进场申请、工作内容等。

(3)录入施工作业人员进场备案信息。

(4)施工作业人员退场时,对其进行评价并及时录入评价信息。

4.7.2 建立实名制档案

信息管理项目部应根据工作需要配备实名制管理人员负责具体事务,为每一名进场人员建立实名制档案。具体包含信息如下:

(1)基本身份信息:本人的身份证号码、姓名、性别、住址、联系电话,以及应急联系人及电话等。

(2)劳保信息:劳动合同、社保等。

(3)从业资格和技能信息:职业资格证、技能证等。

(4)培训教育信息:进场和日常技能、安全教育等。

(5)考勤信息:人脸识别、指纹记录或考勤记录等。

(6)工资支付:工资卡号、工资结算和支付信息等。

(7)其他信息。

4.7.3 资料保存

(1)做好实名制的档案管理工作,相关班组、施工作业人员的进退场登记闭合。各类纸质档案和电子档案与工程档案一并建档保存。

(2)实名制信息应及时采集、更新,并实行动态监管,不遗漏。信息采集相关管理部门做好人员信息保密工作,确保实名制信息不泄露。

(3)项目部负责监督项目各班组开展实名制管理工作,定期或不定期检查用工实名制工作,平均每月至少检查一次。

4.8 班组安全教育培训

按照项目安全技术交底制度,做好项目级交底、班组级交底。班组级交底内容包括:本班组施工范围内的施工主要内容,施工项目特点及难易程度;施工危险、有害因素分布,预防措施、急救措施等;施工安全目标和保证措施。项目部级交底内容包括:施工工艺、安全注意事项;安全操作规程、标准规范、安全防护、机械设备安全操作注意事项等;安全技术操作要领;施工周边环境(人物、机械、天气等)、交叉作业等;施工各阶段、各部位的安全注意事项;Ⅲ级及以上重大风险源等。

施工单位应在项目现场建立“民工学校”,对工人进行培训教育。应制定教育培训计划和培训制度,定期组织开展各项培训教育活动,对工人进行质量安全教育培训。可采取多种形式的培训教育活动,确保教育培训质量。例如,通过“平安夜校”、邀请相关专家授课、参观交流等方式,积极拓宽教育思路、丰富教育模式。同时充分利用“质量月”“安全月”“消防日”等组织应急演练、技术比武、安全生产技能比赛等。

项目部应组织新进场人员进行技能培训和安全培训,技能培训和安全培训应分工种实施。技能培训和安全培训应在工人进场后作业前进行,未完成技能培训和安全培训的工人不得上岗作业。对培训效果进行评价,采用现场询问等方式抽查工人对培训内容的掌握情况。鼓励施工单位在施工现场设置智能识别系统,禁止未接受进场培训或考核不合格的工人进入现场。

班组安全教育包括:三级安全教育、岗前教育、班前安全教育、法治教育、定期和不定期安全教育、安全技术交底、教育培训要求等。

4.8.1 新员工三级安全教育

新员工三级安全教育包括公司级教育、项目部级教育、班组级教育。其中,公司级、项目部级教育内容主要有国家有关安全的法律法规、公司规章制度、项目部安全规章制度及安全生产纪律操作规程等;班组级安全教育由班组长组织实施教育,主要介绍本班组所担负的工作范围、工程概况、安全重(难)点、岗位安全操作规程、岗位危险、生产经营作业程序及工艺流程、典型事故案例、应急措施、劳动保护等。

4.8.2 岗前教育

在进入或重新进入一个新的工地、施工点、施工岗位之前，必须对施工人员进行岗前教育。由项目安全管理部负责，教育内容具体包括岗位危险因素、安全注意事项等。

4.8.3 班前安全教育

每日上班前，由班组长负责对其班组从业人员进行安全提示教育，包括今日工作布置、风险告知、危险因素告知、防护措施、劳动纪律、班后清扫等。班前会时间控制在5～10分钟，要简明扼要地将事项交代清楚。班前会上班组作业人员应队列方正，由班组长点名，检查劳动防护用品佩戴情况，安排专人拍摄视频并将视频上传至安全管理群。

4.8.4 法治教育

由班组长适时参加项目部组织的相关法治学习活动，并将学习内容向班组进行宣贯(具体学习内容由项目部提供)。

4.8.5 定期和不定期安全教育

安全科每月至少集中开展一次班组从业人员定期安全教育培训，主要内容包括岗位操作技能、事故案例警示、应急救援知识等；不定期安全教育结合节假日、灾害天气和季节性因素进行。定期和不定期安全教育均要求形成文字照片记录。

4.8.6 安全技术交底

1)交底目的

技术交底是施工企业项目技术管理的一项十分重要的工作。技术交底的目的是使参与工程施工的技术人员与作业人员熟悉和了解所承担的工程项目的特点、设计意图、技术要求、施工工艺及应注意的问题，从而确保工程质量及施工安全。

2)交底依据

技术交底的依据为：国家关于工程建设相关法律法规，与业主签订的合同文本，业主或设计单位交付的施工设计文件、图纸及通用资料，业主组织设计单位向施工单位技术交底的资料，相应施工规范、施工指南、质量验收标准，施工调查和施工测量资料，等等。

3)交底内容

(1)质量交底。

①施工图、技术规范、标准的质量要求及项目总体质量要求。

②施工方案实施中的质量措施。

③工艺操作流程、操作要点和控制要求。

④工序间检查的内容及质量标准。

⑤施工质量要求及注意事项。

(2)安全交底。

①告知项目的作业特点、危险源及危害因素。

②针对危险点和重大危险源制定的具体预防措施。

③特殊工序的操作方法和相应的安全操作规程及标准要求。

④作业过程中应注意的安全事项。

⑤发生事故后应该采取的自救方法、紧急避险和紧急救援措施等。

4)交底要求

在分部分项工程施工前和安全专项施工方案实施前,必须进行分部分项工程和安全专项施工方案的技术、安全交底,施工班组未经技术、安全交底不得作业。交底时,交底人应详细讲解作业人员作业过程中的质量控制要点、作业环境中潜在的危险因素和各种注意事项。交底内容须在施工方案基础上按照施工要求,对施工方案进行详细阐述。交底可采用多媒体展示和书面交底确认(交底人和被交底人双方签字)相结合的形式。交底的内容应做到各项措施针对性强,工艺先进,详略得当,切合实际。

5)交底记录

技术、安全交底应形成交底记录,交底双方应同时履行签字手续,交底记录作为技术、安全管理资料进行归档。

4.8.7 安全专项方案交底

班组作业人员直接参与项目部部门(总工、工程、质量、安全等部门)组织的安全专项方案交底;或者班组长参与项目部部门组织的交底,然后由班组长结合实际情况对其班组内所有人员进行安全专项方案交底。

4.8.8 安全操作规范教育

由班组内有经验的老员工进行正确的安全操作示范或者在班组检查过程中发现存在违章操作的情况时示范正确规范操作。

4.8.9 “四新”教育

在“四新”(新技术、新工艺、新材料、新设备)投入使用前,作业人员必须经过项目部、班组人员组织的培训教育,才能正式上岗作业。

4.8.10 教育培训要求

(1)新晋、换岗、节后复工从业人员上岗前应当经过班组级安全教育,教育时长不得少于20学时。

(2)新上岗从业人员(之前未从事此类工作)应当在经验丰富的老员工带领下,学习至少3个月后方可独立上岗作业。

(3)从业人员经教育培训考核合格后方可上岗作业。

(4)教育培训材料存入班组安全管理台账。

4.9 班组安全会议

班组安全会议包括班前会、月度安全会议。月度安全会议每月至少召开一次,由班组长组织,主要内容包括上月安全工作总结、下月安全工作计划及项目部对本班组的考核情况通报等,倡导班组成员积极发言,由班组长负责做好会议记录。

4.10 质量安全管理

项目部应建立健全涵盖施工班组的质量安全管理制度和质量安全保证体系。施工单位应推行班组工序认可制。项目部应对班组作业的每一道工序进行检查、验收,并将验收资料存档。开展工序认可后,方可进行施工单位工序自检工作。施工单位提供的劳动防护用品、机具、设备等应符合有关规范要求。应对班组进行安全应急教育,并定期进行应急演练。施工单位应为班组制作危险告知手册,供班组长开展班前危险预知教育和班组日常学习使用。

鼓励施工单位积极开发或应用信息化管理的软件和硬件。例如,建设工人实名制数据管理平台,并使用与之关联的智能安全帽;建设危险区域主动识别警告、人员动态轨迹记录、更加便捷的门禁与考勤方式等信息化管理系统,进一步以信息化管理手段提升班组(工人)管理的成效。班组长是达成班级质量安全目标、开展质量安全控制活动的核心人员。

4.11 班组现场安全管理

班组现场安全管理包括作业人员劳动纪律,机具设备的规范使用、维护和存放,以及危险性较大分部分项工程的现场管理、隐患排查和整改治理等。

根据项目前期安全策划进行现场布置,设置区域责任牌,明确责任人。施工现场做到干净整洁、工完料清,材料、器具、物品等按标准摆放整齐。施工现场按要求设置安全标志标牌和安全防护措施。定期对机械设备进行维修保养,并设置相应安全标志标牌。班组从业人员应正确使用个人劳动防护用品,统一着装。

危险性较大的工程应由领导带班并做好带班记录,班组安全员旁站并做好相关记录。班组长、班组安全员应佩戴明显标识(肩章)。班组从业人员应严格执行安全操作规程,不违章操作,做到“四不伤害”(不伤害自己、不伤害他人、不被他人伤害、保护他人不受伤害)。

4.12 班组设备与工具管理

4.12.1 班组设备的日常“三级保养”

1)一级保养由操作人员负责

(1)每日工作前:①将尘埃、污物擦拭干净,滑动部分清洁润滑;②确保不必要的物品不放置于设备、传动部位或管线上;③检查润滑油是否足够;④检查各部位螺丝是否松动;⑤检查空转试车正常与否;⑥检查传动部分有无异状或异声。

(2)工作中:①不得做超越设备性能范围的工作;②因故离开机器时应请人照看或停机;③注意设备运转情况,是否有异常声音、振动、松动等;④注意轴承或滑动部位有无发烫现象;⑤检查油路系统畅通与否;⑥注意加工物的优劣,以决定是否停机;⑦发现不良,应立即报告。

(3)工作后:①取下工作物;②清扫铁屑、污物,擦拭设备,清扫周围环境;③检视设备各部位是否正常;④确保工具、仪器及其附件等保持清洁并置于固定位置;⑤将滑动面擦拭干净后,稍注机油防锈。

2)二级保养由班组长负责

二级保养的工作内容包括:①督促并指导一级保养人员;②特殊部位的润滑及定期换油;③突发故障的排除及精度的调整;④一级保养人员异常报告的处理——当机件损坏时,依情况需要自行处理或报告上级主管处理;⑤每日上午9时以前检查一级保养人员的绩效并做记录;⑥新设备的安装与试用。

3)三级保养由设备管理部门负责

三级保养的工作内容包括:①设备的整修,性能校正与改善;②制定定期保养日程,对设备进行定期保养并实施精度校正;③协助二级保养人员处理异常报告;④委托外部单位或专家进行修理、保养等。

4.12.2 班组日常工具管理

1)工器具“四定”管理

(1)定品:给每一种工器具确定唯一的名称或编号,让班组内所有人都能生成“唯一对应”概念。

(2)定位:确定工器具的具体存放位置,不得随意改动,并在摆放区域粘贴标签和定置图,标明存放工器具的名称、编号等基本信息。编号应与存放处标志一致,对号存放。为了提高工器具取用的便利性并保持整洁的工作现场,可以根据工器具的使用情况,分区定点存放。

(3)定质:工器具使用前,应认真检查外观、组件、附件、关键部位和试验标签等,确认符合安全规定。禁止使用逾期未检验或安全存在隐患、质量存在问题的工器具。

(4)定容:确定每一种工器具的储备量,如果数量减少到一定程度就申报采购补充。

2)现场工器具管理

现场工器具管理应遵守“立取即得”且使用后能“立刻归位”的原则,具体如下:

(1)应充分考虑能否尽量减少工器具的种类和数量,利用磁性螺丝等代替普通螺丝;使用标准件,将螺丝共通化,以便可以使用同一工具。

(2)考虑能否将工器具放置在距离生产现场最近的地方,以避免取用和归位时过多地步行和弯腰。

(3)在取用和归位之间,必须特别重视“归位”。需要不断地取用、归位的工器具,最好采用吊挂式或放在双手展开的最大极限范围之内。采用插入式或吊挂式“归位”,也要尽量使插入距离最短、挂放方便又安全。

(4)要使工器具准确归还原位,最好以复印图、颜色、特别记号、嵌入式凹模等方法进行定位。

3)公用工器具形迹管理

(1)工器具形迹管理就是把工器具的轮廓勾画出来,以嵌上去的形状来做定位标识,让人一看就明白如何归位的管理措施。

(2)工器具形迹管理可以让员工清楚地知道工器具的摆放位置,杜绝工器具放错位的现象,即使什么时候少了一把也一清二楚。

(3)工器具形迹管理的具体做法为:将工器具的形状描画在一个看板上再涂上阴影,同时在每一个工器具的“形状”上方钉一根挂钩。用完工器具后,就能很容易地“按图索骥”,将工器具挂回看板。

4)个人专用工具漆上颜色

上面提到公用的工器具可以利用勾画形迹来管理,而个人专用工器具管理的问题在于“大家弄不清到底某一工器具是谁的”。

因为有许多工器具，每个人在作业时都需要用到。所以，它们就变成了大家的“标配”。由于这些工器具都一样，一旦被混用很难分清。有些员工对自己的工器具管理漫不经心，自己的不见了，就顺手拿别人的工器具来用，造成一些不必要的困扰。为了对此进行有效管理，可以在工器具上漆上不同的颜色，用颜色来代表这件工器具的主人。

除个人专用工器具之外，其他归属个别部门的工器具也可以利用这种方式标记，以标示责任的归属，解决工器具管理上的问题。

5)班组日常工具的管理要求

(1)按规定手续进行领用和借用。

(2)做到工具的合理保管和使用。

(3)建立工具的报废、报损和丢失的处理制度。

(4)做好工具事故的处理工作。

(5)对实现工具节约和工具改进的员工给予物质奖励和精神鼓励。

4.13 文化培育

4.13.1 施工单位可在项目部醒目位置设置班组文化墙，用来展示优秀班组经验、班组成员寄语等。

4.13.2 施工单位可组织班组开展技能竞赛、文化娱乐等活动。

4.13.3 鼓励工人开展创新发明或改造，并设立适当物质奖励。

4.13.4 施工单位宜建立班组信息沟通机制，可通过建立意见征集箱、微信群等交流沟通平台，鼓励工人参与项目建设事务，采纳工人的合理化建议和意见。

4.13.5 推行班组(工人)的“积分制”管理，在班组(工人)正常的工作报酬以外，将班组(工人)的日常工作表现和工作成果以积分的形式体现出来。项目部定期发布班组(工人)积分情况，班组(工人)可凭自身的积分分值获得一些奖励。“积分制”管理使班组(工人)更加积极主动地融入项目管理体系，更易于接受和响应项目管理人员提出的各项工作要求。

5 班组平台建设

5.1 工作平台

工作平台,即应用现代互联网即时通信工具建立的虚拟公共平台。通过该平台,项目部下达工作指令、发布工作信息,班组汇报工作情况,班组之间相互交流、相互促进,使分散在施工现场的各班组有效维系在一起,以实现快速迅捷的沟通交流,确保参与各方的信息对称,促进班组建设各项工作举措有效落实。

项目进场后,项目部安全科应建立班组建设工作平台。该工作平台可采用微信群的方式,项目部及各班组参与班组建设的管理人员应加入该群。入群成员应将群名片统一设置为“班组(部门) + 姓名”,以方便管理。

5.2 发言人制度

发言人制度,即项目部确定一名安全发言人,由该安全发言人负责对工作平台实行日常管理,以使班组建设工作更加系统、有效和透明。安全发言人的职责:一是每天早上上班前(一般不宜迟于上午 8 点),将各班组前一天的安全工作总结及当天的安全工作计划汇总成函文并进行公布;二是代表项目部统一发布经审核的禁令、指令、消息、通知、函文等;三是每月初将各班组的考核结果公布在工作平台(微信群)上,并确认所有人收到且回复,对没有回复的要及时督促,从而保证安全工作的严肃性和系统性。

6 班组管理运作

6.1 班组职责

6.1.1　落实施工单位班组管理要求。

6.1.2　按照日循环、周循环、月循环进行班组现场运作。

6.1.3　做好班组内部质量、安全管理工作，落实班组“6S”管理要求。

6.2 班组运作

6.2.1　班组安全管理采取周期工作流程制

6.2.1.1　班组“日循环”

1)班前会

(1)班前会的定义。

班前会即班组每天工作前开的会，是班组长向班组成员布置工作任务、传达工作要求、提示安全注意事项的有效途径。班前会包括准备工作、个人状态检查、讲评和视频记录。

(2)班前会的作用和班前会“四讲”。

班前会的作用见表6-1。

班前会的作用　　表6-1

序号	对象	作用
1	团队	提升员工士气； 增强凝聚力； 促进经验交流和分享； 让员工愉快地开始工作

续上表

序号	对象	作用
2	班组长个人	有利于树立威信； 有利于培养目标观念； 有利于锻炼沟通表达能力
3	现场管理	有利于工作的布置； 有利于任务的达成； 有利于重要通知的传达

班前会“四讲”的内容如图 6-1 所示。

图 6-1 班前会“四讲”

(3)班前会的意义。

①有效地传达信息，保证良好的沟通。

班前会是班组成员了解企业信息和指令的非常重要的一个渠道，也是大家交流工作经验与心得的良好场所。

②明确安排，实现工作效率的提高。

使所有员工都明确各自的任务，提高工作布置效率从而达到节省时间和提高效率的目的。

③引导员工养成良好的工作习惯。

向所有员工明确问题的责任人以及产生的后果，从而起到教育和警示的作用，防止事故发生。

④营造员工归属感。

班前全员部署，一视同仁，能使员工产生“我们是不可分割的一个集体”的归属感，提高现场员工对班组的认同度，强化员工的集体观念，从而有助于班组长的现场管理。

(4)班前会的具体步骤。

①准备工作。

上班前15分钟,作业人员到班组长指定的地点集合,由班组长吹哨集中并列队。班组长站在队列前方与作业人员面对面站立,把队伍排整齐。班组长须佩戴“班组长”红肩章,队列可根据施工人数排成一排或多排。

②状态检查。

整齐队列后,由班组长对作业人员进行个人状态检查,包括劳动防护用品穿戴情况和精神状态检查。

劳动防护用品检查内容包括:安全帽是否佩戴,帽带是否扣好,工作服是否穿好,特殊工种防护用品是否正确穿戴,等等。未正确穿戴劳动防护用品的作业人员不得上岗作业。

要特别注重对作业人员精神状态的检查,发现有精神状态不佳的作业人员,务必详细了解相关情况,必要时安排休息或调整工作岗位。

③讲评。

劳动防护用品检查完毕后,进入讲评阶段。班前讲评应包含以下内容:a.对前一天的工作进行小结;b.安排当天施工生产任务及作业要求;c.提示施工生产过程中可能存在的安全风险,强调安全生产操作规程和注意事项;d.讲评结束后,要将重要的安全操作规程和注意事项精练为几个问题进行简单随机点名提问,以保证班组人员了解和掌握;e.其他事项。

班前会(包括准备工作、劳动防护用品检查、讲评)持续时间宜控制在5~10分钟,讲评应简明扼要,把事情交代清楚即可。

(5)班前会的记录。

班前会的讲评由班组安全员负责进行视频记录,记录内容应包括:

①场景照片。

a.场地(背景)要求:班前会场地须平整开阔,固定班组(如预制场、拌和场)宜设置班前会讲台。

b.照片要求:讲评人及听讲人须全身(从头到脚)在照片范围内,照片应清晰,能看清前排人员脸部、人数及劳保用品佩戴情况。

c.上传要求:班前会结束后1小时内,由班组长将照片(1~2张)上传至工作平台,并附文字说明(施工地点、施工内容、施工人数、主要设备名称及数量,以及是否涉及用电等危险作业内容)。

②讲评内容。

讲评内容宜采用有视频录制功能的手机或其他设备进行现场拍摄。讲评人应首先说明讲评的日期、时间并进行点名活动,再开始讲评。

班前会照片及所附文字说明、视频内容将作为考核依据。

班前会记录表样式见表6-2。

班前会记录表 表6-2

日期		天气	
工作内容	（如围堤××桩号至××桩号、区域堤心石抛填施工）		
质量安全技术要求	（如质量安全技术交底要点、工具设备状况通报、当日安全作业提示等）		
班组成员签名	（所有人员签字）		
班组负责人签字		备注	

2）班组“三检制度”

“三检制度”是指班组在施工前、施工过程中和施工结束后开展的自我检查和整改，使施工现场的安全隐患在第一时间得到发现和整改的管理措施，包括班前检查、班中检查、班后检查。“三检制度”落实情况将作为班组月度考核依据。

（1）班前检查。

班前检查由班组安全员、巡查员组织，在班前提示结束后，带领班组成员对生产经营作业场所进行检查，检查内容包括个人防护用品、作业环境、操作设备器具、安全防护装置等。

在班前会结束后，班组长或班组安全员应对施工区域安全状况进行全面检查，发现有安全隐患的应立即整改，符合要求后方可开始施工。检查内容包括：①临边防护、上下通道、危险区域警戒等安全防护措施是否到位；②临时用电是否符合要求；③机械设备的安全装置和工器具是否完好；④其他涉及安全的事项。

检查后对施工区域拍摄1～2张照片（若存在多点作业，照片应相应增加），在1小时内上传至工作平台，并作文字说明（如“班前检查结束，无隐患准备施工”或“发现××隐患，已整改准备施工”）。

（2）班中巡查。

班中巡查由班组长负责落实，根据班组情况确定检查频率，检查内容包括设备运行情况、作业环境危险因素、“三违”（违章指挥、违规作业、违反劳动纪律）行为等。施工过程中，班组长或班组安全员应对施工现场进行巡查，巡查内容包括文明施工情况、安全防护设施是否缺失、是否存在“三违”现象等。

巡查后对施工现场拍摄照片1～2张（如存在多点作业，照片应拍摄多张）上传至工作平台，并作文字说明（如“班中巡查未发现隐患”或“班中巡查发现××隐患，已整改完毕”）。

（3）班后检查。

由班组长组织班组成员对作业现场进行清理，主要工作内容包括：将各类器具、材料放入指定地点，做到摆放整齐；对工作平台、场地杂物、废料、垃圾进行清理；等等。

班后交接是交班人员应把当班期间设备运行、器具安全性能、卫生、环境等情况向接班人员交代清楚；接班人员应按规定到岗，对工作场所进行查验，确保设备运行、作业环境卫生等情况符合要求后，进行交接班确认。

当天(班)施工结束后,施工人员应对施工现场进行整理,包括材料堆放整齐、设备停放有序、场地清扫干净、配电箱拉闸关门等。经班组长或班组安全员检查符合要求后,对现场拍摄照片1~2张(如存在多点作业,照片应拍摄多张)上传至工作平台,并作文字说明(如"班后整理结束准备下班")。若存在交接班情况,则应做好交接班手续,并将内容上传至工作平台。

(4)班后小结。

班后小结由班组长主持,对当天工作任务及执行安全规程情况进行小结。对做得好的、表现突出的班组成员要予以表扬;对存在的问题及违章情况要提出批评,并提出改进意见。

6.2.1.2 班组"周循环"

(1)周工作总结:每周日由班组长组织进行,主要对上周班组安全生产工作进行总结,根据本周工作任务,提出相关安全措施。

(2)安全管理讨论:由班组长组织,按照工作计划每周适时开展,主要议题包括安全生产经验心得交流、班组生产经营作业过程中的"三违"现象、安全隐患整治等情况讨论。

(3)全面整理:班组每周组织一次大清扫,对工作场所进行清理整顿,由班组长组织,班组成员参加。

6.2.1.3 班组"月循环"

(1)安全检查:由项目部每月组织不少于一次的安全生产大检查,对检查存在的问题按照"三定"(定人员、定措施、定期限)原则进行整改。

(2)安全月度会:由项目部组织每月召开一次安全月度会,主要内容有月度工作布置、总结及考核情况通报等,班组长应参加。

6.2.2 班组作业质量管理工序交接程序

(1)由项目部技术负责人或专职质检员组织,由交接工序班组长参加,对已完工程质量进行检查验收。质量达到标准要求的工序,按程序进行交接,填写工序交接检验卡(表6-3);达不到质量标准要求的工序不能交接,必须采取措施进行处理。

工序交接检验卡 表6-3

工序交接检验卡
我班组已完成　　　　工序,请给予查验。以便下道工序班组进行下道工序施工。 班组长(签字):　　　　年　月　日
下道工序班组接收意见: 班组长(签字):　　　　年　月　日
施工员验收意见: 施工员(签字):　　　　年　月　日

续上表

质检员(项目质量管理小组)验收意见： 质检员(签字)：　　　　　　　　　　　　　　　　　　　　　年　月　日
备注： 1. 分项、分部工程或每道工序结束后,该工序班组必须进行自检,合格后填写本交接检验卡。经下道工序班组接收及相关人员验收合格后,下道工序班组方可进行施工。 2. 上、下工序若是由同一班组施工也必须办理此交接检验卡。 3. 重要施工部位或工序必须经过项目质量管理小组验收后方可进行下道工序施工

(2)交接班前,交班班组必须安排人员对现场进行全面检查,发现问题及时处理,做到“四不走”,即存在质量隐患不走、隐患处理不彻底不走、没有给下班交代清楚不走、施工记录填写不完整不走。

(3)交班班组负责组织现场交接班,填写交接班记录。

(4)交接班中,交接双方班组必须认真检查、验收现场安全质量,发现问题及时处理。对于存在严重问题的,接班班长应当上报协调处理。交接班时双方班组长应在交接班记录本上签名确认。

(5)班组长、项目部技术员及质检员必须现场交接班,不按规定交接班的应严肃处理。

6.3 班组“6S”管理

开展“6S”管理不仅能够改善作业环境,还能提高作业效率、品质和提振士气,是其他管理活动有效开展的基石之一。

6.3.1 班组作业环境宜按照“6S”要求开展管理

班组长应向班组成员灌输“6S”管理理念、管理方法并提出具体工作要求,开展“6S”管理过程中的检查,督促班组成员落实“6S”管理要求。

6.3.2 “6S”管理要求

1)整理

整理区分现场、办公、生活各场所必要的和非必要的物品,清除不必要的物品,使必要的物品保持井然有序。

2)整顿

整顿现场、办公、生活场所的必需品,所有设备、工具、物品实行定置管理和标识管理,清理归位放置到标志指示部位,材料、工器具码放齐全、摆放有序。

3)清扫

将作业场所清扫干净,使作业环境始终保持清洁,防止交叉污染,保证工作质量的稳定,减少作业伤害。

4)清洁

不断地进行整理、整顿、清扫,以维持良好的作业环境,消除异常,保持作业现场的正常状态。

5)素养

素养就是要求现场、办公、生活场所所有员工严格遵守规章制度和作业规程,严格按照标准操作,提高工程、工作、产品、服务质量。通过班组活动、培训、实践等形式,提升员工综合素养,令其严守作业操作标准;使全员从转变观念到转变态度,从转变态度到转变行为,通过转变行为养成良好的习惯,实现全员自我管理和自我控制。

6)安全

安全就是要求现场、办公、生活场所清除事故隐患,不发生“三违”,不发生人身和非人身事故,保障员工的人身安全和生产、工作、生活的正常运行。

7 班组施工作业标准化管理提升

现场管理与问题改善是一个复杂的系统工程。班组施工作业标准化管理提升，常见做法可分为四个阶段。

（1）树立正确的意识：秉持“三现”（现场、现物、现状）主义。

（2）治理整顿：着重解决生产现场“脏、乱、差”问题，逐步建立起良好的生产环境和生产秩序。

（3）专业到位：实现现场管理的流程化、标准化、目视化。

（4）不断改善：优化现场管理的实质是改善，改善的内容就是目标与现状的差距。按“计划、实施、检查、处理”循环，使现场合理有效地运行。

8 班组施工作业标准化建设主要举措

8.1 强化顶层设计，推进项目工厂化管理

建设单位应在项目伊始做好工厂化策划，严格落实“三集中”（混凝土集中场地、钢筋集中加工场地和结构集中预制场地）；提高工厂化水平，从源头上降低项目安全管控风险、提高建造水平，为安全、质量标准化管理创造有利条件，规范施工企业分包行为；以“三减少”（减少分散作业量、减少野外工序、减少传统施工）为工作理念，开展设计工作、建设方案策划，提高工厂化覆盖率；划分大标段，临建费用集中使用，提高标段工程量，为推进大机配套奠定基础。

8.1.1 提高工厂化覆盖率

使混凝土预制构件（包括小型预制构件）与现浇工程（包括隧道及小型构造物）混凝土工厂化覆盖率达到100%；使现浇工程（包括隧道及小型构造物）中的桩基、墩柱、盖梁钢筋成品覆盖率达到100%；并使其他钢筋半成品覆盖率也达到100%。

8.1.2 实施临建专项管理

在招标文件中明确对“三厂一驻地”（混合料拌和厂、钢筋加工厂、构件预制厂和施工驻地）建设标准，采用大型化、智能化施工设备，符合污水、粉尘处理环保标准等；要求施工单位对临建设施进行专项设计，严格按照项目指挥部“先方案审批后实施、先工艺审批后操作”的原则执行；临建设施建成后，由项目指挥部组织验收通过后方能投产。

8.1.3 实行标准化工厂生产

施工前严把原材料进厂准入制，施工过程中执行工序验收标准挂牌制、工序交接零误差，施工后落实产品验收标识与“出厂合格证”制度。对钢筋、小型构件等半成品实行统一仓

储配送的“超市化”管理;对混凝土温度、配合比及搅拌时间进行实时远程监控;对施工现场实行“6S”管理;对现场施工点实行“工点工厂化”管理。

8.2 丰富管理手段,实现班组规范化管理

建立“实施有标准、操作有程序、过程有控制、结果有考核”的班组标准化管理体系,并运用PDCA法对活动实施内容进行持续改进,实现班组作业标准化管理。

8.2.1 标化场地建设

因地制宜做好整体规划,进行场地硬化和划片分区,精心设置标志标牌加强安全氛围营造,落实宣传栏、工人学校、班前讲台、业余活动室、班组亲情墙、应急物资储备室等设施建设。

8.2.2 班组防护标准化

制定通道设置标准、安全标志标识标准和安全防护标准三个专项标准化管理细则,全面推广定型化、装配式通道专项设计与验收,统一规范全线安全标志标牌与高空作业、跨路施工等区域的安全防护措施,提高对作业的安全保障能力。

8.2.3 班组“网格化”管理

按照“管理方便、界定清晰、责任明确”原则,对全线各分部分项工程按工序进行班组划分,建立“指挥部—监理办—项目部—工区—班组(工点)”的五级管理体制。明确班组“五大员”(施工员、质检员、安全员、材料员、预算员)管理职责。

8.2.4 落实班组“首件认可制”与“清退制”

1)班组“首件认可制”

班组施工作业水平决定质量与安全的品质,要求班组进行首件生产,从安全操作、工艺技能操作等方面对其进行评判。“首件认可制”是指项目部选择分项工程中第一件产品作为首件工程,其施工工艺、工序流程及首件工程质量得到监理和指挥部的认可验收后,分项工程方可进行批量生产。操作过程中项目部详细记录操作程序和有关数据,及时修正施工工艺方案,形成监理办组织、项目部主体实施、设计与检测监测等单位深度参与的管理体系,统筹抓好参建各方首件认可责任的落实。项目开工前,指挥部工程处根据分部分项工程的重要性和技术难度,明确各分部分项工程的首件工程实施范围,确定重要首件和一般首件。

项目部应按标段编制首件工程分类实施清单，建设单位负责评价重要首件工程；编制和评价完成后报监理办审批，监理办审批汇总后报指挥部备案。项目部应在分部分项工程施工方案中编制首件工程专篇或首件工程专项施工方案，明确首件工程实施部位、实施时间、关键工艺、检测指标及频率、验收评价要求等内容，并报监理办批准。

首件工程实施过程中，项目部除按《公路工程质量检验评定标准　第一册　土建工程》(JTG F80/1—2017)和《公路工程质量检验评定标准　第二册　机电工程》(JTG 2182—2020)，以及其他公路工程规程、相关技术规范、图纸、招标文件等做好自控外，还应详细记录操作程序、有关工艺技术等数据，做好过程影像。根据质量检验评定标准、平安百年品质工程建设等有关要求，对首件工程实体质量关键指标进行加倍检测，将省、市平安百年品质工程重点突破指标——路基桥头容许工后沉降、桥面混凝土交验顶面平整度、路面平整度及压实度、路面结构层总厚度和上面层厚度偏差、交工检测伸缩缝与桥面高差、路面行驶质量指数(交竣工检测)、沥青路面大中修年限、工后钢保厚度、隧道二衬质量一次检测等纳入首件工程实体检测，并出具检测报告。对检测不合格的，重新开展首件工程认可。监理办必须对首件工程进行全过程旁站，并做好相应记录。

首件工程完成后，项目部对首件工程质保资料作“首件”标识，包括但不限于施工方案记录、质量检验记录等。首件工程实体应作“首件”标识牌，并注明评价等级(优秀、良好、合格、不合格)及完成时间等内容。项目部编制首件工程总结报告，并上报监理办。监理办负责组织首件工程验收评价相关工作，及时召开首件工程总结会，邀请建设单位、项目部、试验检测单位、设计单位等相关单位参加，对存在的缺陷和不足提出改进意见，固化施工工艺及人员、设备等。参建各方应对首件工程总结资料分类整理，统一归档；首件总结会议纪要应以监理办红头文件形式出具。对首件工程总结中项目部、监理办提出的问题应在第二个构件施工中采取措施予以解决，形成文字及图片整改资料补充到首件总结资料中。

对于重要首件，建设单位工程管理部门将深度参与验收评价，牵头做好检测和检查，确定质量评价等级。

对全线施工有指导意义的评价为“优秀”的首件工程，建设单位将采取座谈交流、现场观摩等形式在全线进行推广。对于后续规模化施工质量始终保持“优秀”，且具备可复制、可推广性的成果，建设单位将择优向监督机构推荐。

首件工程通过专业监理审查验收后，报监理办审批。班组生产的构件满足要求，填写“认可单”，同意班组进场施工。若生产的产品不合格，则再次培训、交底、施工，累计3次不合格，则将班组清退出场。

班组“首件认可制”实施流程如图8-1所示。

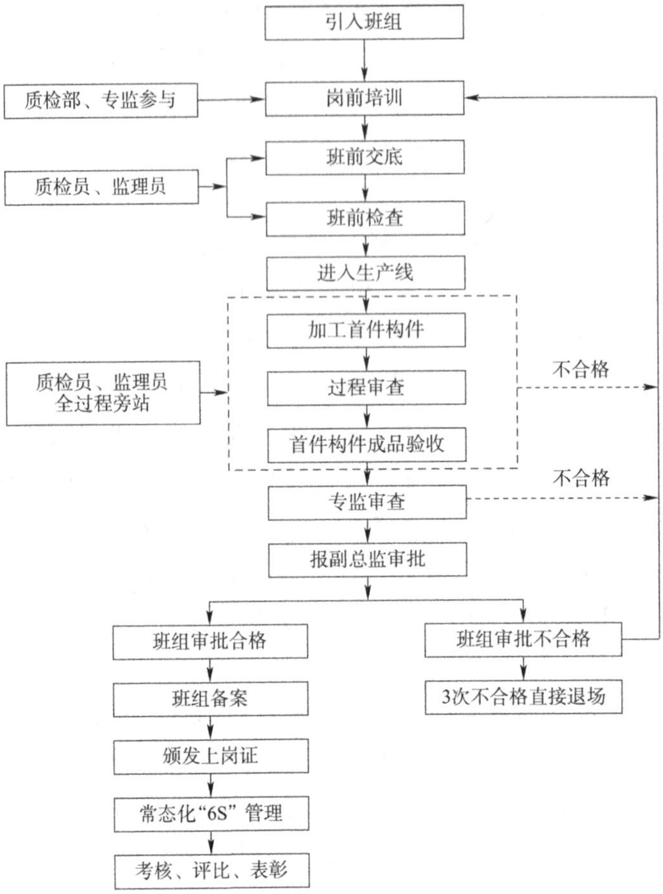

图 8-1　班组"首件认可制"实施流程

班组"首件认可制"的内容见表 8-1。

班组"首件认可制"内容　　表 8-1

单位工程	具体项目
路基工程	软基处理、改扩建新旧路基连接、不同压实度的路基填筑、各种结构形式的涵洞
路面工程	底基层、基层、沥青面层、水泥混凝土路面
桥梁工程	下部结构:桩基、墩台身(帽)、盖梁、台背回填等
	上部结构:梁体预制及安装、支架现浇、移动模架施工、叠合钢箱梁的制作与安装、支座安装、拉索的制作与防护、锚固体系安装等
	桥面系:桥面铺装、伸缩缝、护栏等
隧道工程	洞身开挖、初期支护、二次衬砌、仰拱与基础、路面
防护工程	挡墙、截水沟、排水沟、混凝土预制块的制作及铺砌、土工格栅植草防护、生态植被防护、混凝土框格锚杆结构防护边坡
交安工程	标志、标线、护栏

2)班组“清退制”

清退施工班组的目的在于确保施工现场的安全、质量和进度。通过及时清退不符合要求的施工班组,可以有效提升工程管理水平,降低施工风险,保障工程质量。此举还能促进施工队伍的规范发展,提高整体行业水平,为建设项目的顺利进行营造良好的环境。因此,清退施工班组是一项必要举措,有助于维护工程施工的良好秩序和形象。

在进行清退施工班组时,需要遵循一定的操作步骤,以确保整个过程顺利进行。具体操作步骤如下:

(1)初步评估:对施工班组进行初步评估,包括评估其工作表现、施工质量、工作态度等。这有助于确定是否需要清退该施工班组。

(2)通知施工班组:一旦确定需要清退某施工班组,应当及时通知该班组,并说明清退的原因和时间。

(3)制定清退方案:应当制定清退施工班组的详细方案,包括清退时间、清退程序、协调工作安排等内容。

(4)协调工作:在清退过程中,需要与相关部门和单位进行协调工作,确保清退过程顺利进行,同时做好项目进度调整和风险防范工作。

(5)提醒承包单位:提醒承包单位注意施工班组的清退情况,以便承包单位做好后续工作人员的调配和施工计划的调整。

(6)落实清退措施:需要落实的清退措施包括完成相关手续交接工作、结算工资等,确保清退过程合法合规。

(7)监督整改:在施工班组清退后,需要继续监督施工进度和质量,以确保项目的顺利进行。

通过以上操作步骤,监理单位可以有效清退施工班组,使施工管理顺利进行,并保证工程质量和进度的稳定。

8.2.5 班组日常标准化

无论工点大小,都要积极推行“工点工厂化”理念,合理划分区域,打造场外“移动工厂”。实行班组“6S”管理:整理(要与不要、一留一弃)、整顿(物有其所、物归其所)、清扫(源头治理、干净整洁)、清洁(规范统一,一目了然)、素养(长期坚持、养成习惯)、安全(以人为本、防微杜渐)。同时,开展“6步走”日循环管理:整理着装—班前教育—开工检查—班中巡查—场地清理—班后总结。安全员记录班组日常活动,班组周例会形成班组安全管理台账,严格执行“交接班”制度。

8.2.6 管理队伍培养

明确活动目的、内容和标准,建立以“项目指挥部—监理办—项目部—工区—班组(工点)”五级管理员为核心的班组管理队伍,每月组织班组管理队伍进行培训教育,增强班组管理人员的安全生产责任意识和管理能力,统一班组作业标准化管理标准。

8.2.7　作业行为规范

为有效减少人的不安全行为,避免人为失误造成的危险,施工单位要根据实际情况制定并完善覆盖项目各工种的安全操作规程、作业危险源安全提示,并在班前会上以抽查提问方式进行教育,以规范作业人员的操作行为和完善危险源告知。

8.2.8　考核评比

以班组安全台账和现场管理效果为中心,以日常巡查和月度考核结果作为评比依据,将考核成绩与班组和个人的选拔任用及资金奖励挂钩并及时兑现,运用“激励手段”充分调动每一位建设者的积极性和创造力,落实项目部月度考核、监理办复查推荐、指挥部核查通报的考评机制。“激励手段”原理图如图8-2所示。班组一线作业人员的需求符合马斯洛需求层次理论(图8-3)。

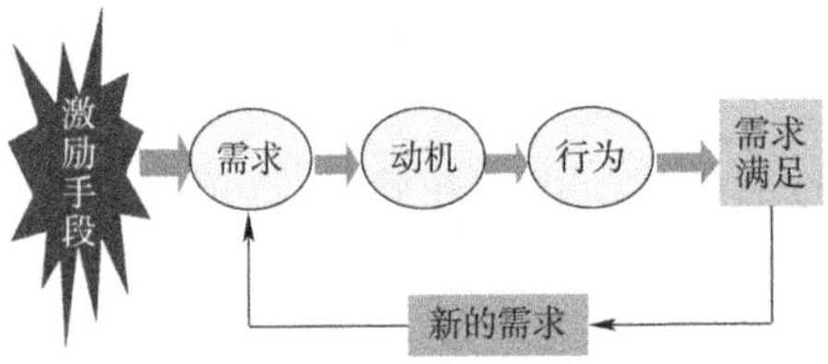

图8-2　“激励手段”原理图

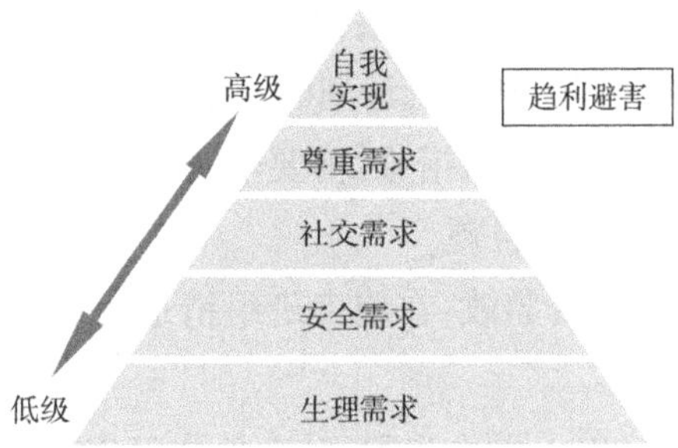

图8-3　马斯洛需求层次理论

马斯洛需求层次理论在员工身上的具体表现见表8-2。

马斯洛需求层次理论在员工身上的具体表现　　表8-2

需求层次	含义	员工身上具体表现
生理需求	人得以生存的最基本需要	得到薪水,满足生活所需
安全需要	生理、心理及情感方面的安全需要	职业安全感,对现状的满足:是否害怕被企业开除、降职等
社交需要	渴望得到家庭、团体、同事、朋友的关怀、爱护、理解	寻求和建立和谐的人际关系,重视与同事的交往
尊重需要	希望被别人尊重	渴望出成绩,获得名声、地位和升职
自我实现	自我成就需要、自我发展需要	能充分发挥自己的潜在能力,成为自己所期望的人物

8.2.9 培养产业工匠

对班组工人实行“鼓励创新、正向激励、专项活动、人文关怀”的“四结合”管理，并倡导“工艺微改进、设备微改造、工法微改良”的“三微改”，推动员工向产业工人转变。

(1)鼓励创新，倡导“三微改”。以解决现场施工具体问题为导向，激励、引导工人进行“微创新”，助推“品质工程”“平安工程”创建。

(2)正向激励，提高工人获得感。组织班组立功竞赛、工人技能比武，为班组、工人切磋技术、争夺荣誉奖励搭建平台。每旬检查、每月考评、每季评比“最美班组”与“最美工人”，表彰公示获奖人员，制作“最美工人”画册，制作喜报并邮寄到获奖人员所在的村委(社区)，提高工人荣誉感。

(3)专项活动，促进安全生产。通过开展交叉检查、组织现场会与技能比武等形式，组织各参建单位考察优秀标段，树立标杆、打造典型、复制推广，发挥示范带动效应，为班组、工人提供相互借鉴、取长补短的机会。开展“质量安全隐患随手拍”“质量安全模范评选”“质安红黑榜”等活动，发动全体工人争当质量安全监督员，共同查找、消除质量安全隐患，促进安全生产。

(4)人文关怀，共建安全家园文化。建立工人分级培训体系，开设“工友学堂”，组织班组作业标准化管理教育与巡回交流，分级分类开展职业技能培训，提升工人专业技能。定期为一线作业人员开展“心理咨询”活动，及时疏导员工逆反心理。深入开展“职工之家”建设，改善工人住宿环境，举办职工集体生日与联合运动会、趣味运动会、节日联欢晚会等活动，为工人开展“平安返乡返岗、送火车订票服务”活动，打造建设项目家园文化。

8.3 强化班组目标和计划管理

8.3.1 “应该管什么”

问题：想一件做一件，做完一件又冒出一件。

策略：事先做一个计划，明确先做什么事再做什么事，应在什么事上下功夫、抓重点。

8.3.2 “应该怎么管”

问题：工作没有目标，能做事、缺管理，没有建立班组的工作体系。

策略：应该集中注意力去解决管理上的问题，制定工作目标，将班组工作分门别类，建立流程标准，从“想哪打哪”到“有序作战”。

8.3.3 “已做到什么程度”

问题:做传话筒式管理,将上级工作指示向下级传达完后不再跟进,也不向上级汇报。

策略:有重点地跟进,将班组工作和上级要求有效传达,并及时跟进过程与结果,向班组成员和上级反馈。

8.4 班组“四个提升”,实现“五化”

8.4.1 “四个提升”

提升班组长素质,提升班组长管理水平,提升组员技术技能水平,提升全体班组成员思想文化水平和道德素质。

8.4.2 “五化”

实现班组工作内容指标化,工作要求标准化,工作步骤程序化,工作考核数据化,工作管理系统化。

9 班组高效管理方法

9.1 明　远　景

为班组打造一个共同梦想,通过对远景的描述传达企业的整体发展目标,将企业目标和个人目标进行联系或整合,实现人性化管理。

9.2 强　纪　律

强纪律是保证班组生产秩序的必要条件。一个企业,特别是现代化生产企业,没有纪律,是不可能带出一支技术精干、形象整齐的队伍来的。企业是一个有序的生产运作队伍,必须有铁的纪律保证生产的正常运行。应通过纪律约束,形成"文化约束",并最终形成良好的场规场纪。

9.3 树　榜　样

榜样是一座灯塔,指引方向;榜样是一种力量,彰显进步。树榜样是一种激励的方式,榜样的力量是无穷的。树榜样要注意方式、方法。树榜样是培养班组长接班人的重要方法。

9.4 班组内外的有效沟通

沟通已成为管理的头等大事,是构建融洽工作关系的最好方式。

9.4.1 沟通的目的

(1)控制员工的行为。

(2)激励员工改善绩效。

(3)表达情感。

(4)交流信息。

9.4.2 沟通的方式

(1)充分肯定对方的成绩。

(2)说明哪些地方还需要改进。

(3)鼓励对方继续努力。

9.5 勤 检 查

一个好的、成功的企业,是靠督促检查来实现对企业的控制的。检查是发现员工的成绩、持续改进工作的有效方法。

9.6 带 骨 干

骨干是队伍建设的核心,是班组发展的中坚力量。班组要有驾驭装置的核心人物,只有核心人物培养出来了,班组管理者才有机会走出班组,从事全面的管理工作。

9.7 常 关 心

关心员工生活,是提高员工忠诚度的秘诀。关心员工目的是将员工个人目标与企业目标结合起来,有效提高员工的积极性。关心员工主要关注员工状况与难处、需求与不便,以及痛苦与问题。

9.8 造 氛 围

营造团结氛围是增强员工凝聚力和积极性的重要形式。团队成员对组织的忠诚,也需要以一定的仪式予以认定。班组需要有团队特有的、区别于其他团队的、具有象征意义的名称、徽标,这是班组文化建设的重要内容。

9.9 多 竞 赛

竞赛可以激发员工士气,活跃班组气氛。良好的气氛有助于提高员工的工作效率。同时,进行专业技能竞赛和技术练兵,也有助于提高团队的专业技术水平。

9.10 定时总结、班务公开

9.10.1 定时总结

总结使班组成员能够不断进步,总结也使班组成员能够不断弥补不足。在班组管理中要定时总结。一项订单完成了要进行总结,在月、季、半年(年终)这些时间节点上也要进行总结。

9.10.2 班务公开

班务公开的功效:一是班组与员工之间的"连心桥";二是企业发展环境的"风向标";三是协调化解矛盾的"润滑剂";四是班组自身建设的"紧箍咒"。

10 施工班组作业标准化考核

10.1 考核目标

全面贯彻落实交通运输部关于班组标准化建设工作要求，强化工程项目管理基础，提升项目工程管理水平，着力解决品质工程建设中“最后一公里”问题，实现班组作业标准化、规范化和精细化。

10.2 考核依据

交通运输部《关于打造公路水运品质工程的指导意见》和《公路水运工程施工班组建设与规范化管理指南》以及各省交通运输厅的有关文件。

10.3 考核对象

项目部各施工班组。施工班组是指各工点内作业班组，班组划分根据现场作业动态及时调整。

10.4 考核内容

班组作业标准化建设管理考核内容主要包括班组人员及组织机构配备、进场登记流程、设备设施、环境保护、班组班前教育、现场“6S”管理、现场施工质量安全管理、工程进度、班组宿舍管理等。考核主要依据项目部标准化领导小组日常质量安全检查（含定期、不定期检查),以及指挥部、公司等各相关部门的标准化检查情况、标准化管理及标准化目标完成情况,进行综合考核评定。

10.5 考核人员

项目部成立班组标准化管理考核小组,所有小组成员均为考核人员。

10.6 考核方式

采用日常检查和年终考核相结合的方式进行。

10.7 管理职责

10.7.1 监理单位在监理合同范围内对施工班组管理开展监督管理工作。

10.7.2 施工单位建立本单位施工班组管理和运行责任体系、制度,指导、督促项目部开展施工班组管理。

10.7.3 项目部根据施工企业和建设单位相关管理制度,制定施工班组管理方案,负责对本合同段施工班组进行管理考核。施工班组管理方案在开工前须报建设单位备案。

10.8 班组标准化考核计分及奖惩

10.8.1 考核评级

各班组考核得分90分以上为优秀、80分以上为良好、70分以上为合格、70分以下为不合格(分数中“以上”的含本数,“以下”不含本数)。考核标准采取评分表计分形式(100分制),考核评分表主要依据“班组安全标准化考核评分表”相关指标扣分。每月的考核成绩及考核奖惩结果(包括班组月度考核结果、优秀班组长评选、优秀工人评选)在项目部月度质量安全生产例会上予以公布,并在班组宣传栏内进行公示。

10.8.2 考核奖励

1)月度考核

每月在下属所有班组中评选出“美丽班组”。班组月度考核结果为优秀的,对前三名给予现金或其他物质奖励(如荣誉证书、奖状、奖杯等)。

2)班组优秀个人考核

项目部每月从考核前三名的班组中选出“班组优秀个人”。优秀班组长由项目部班组标准化考核小组进行评选,评选依据班组标准化管理成效和个人班组管理综合能力;优秀工人由现场“一点三员”(一个施工工点配置一名安全员、一名技术员和一名质检员)进行推选,由项目部班组标准化考核小组进行评选。

10.8.3 考核处罚

对考核不合格的班组将进行公示、约谈及采取处罚措施。若当月考核不合格,则进行公示;若连续两月不合格,项目部将对其进行约谈。每月不合格的班组依照标准处以罚金(从当月结算款中扣除),并由该班组负责人在月度例会上作出说明。若发现班组不积极配合班组标准化建设工作且屡教不改,项目将采取信用评价考核不合格及上清退黑名单等措施进行处理,同时按有关规定扣除本月结算款中的费用。

对于施工质量安全不满足要求的,项目部质检科、安全科首次发现后下发整改通知单要求整改;对于逾期未整改或屡次发生相同问题的,下发违约通知书并处以罚款。月度考核如有并列名次按最高奖励同时排列,后面排名按实际排列。

10.8.4 奖励发放及处罚执行

1)奖励发放

每月考核结果公布后,班组长到安全科审核签收“班组标准化奖励发放表”。奖金必须由本人亲自到项目部安全科签字领取,班组负责人不得代领。

2)处罚执行

(1)专/兼职质量、安全管理人员直接进行处罚。

(2)领导小组成员采用电话、微信等痕迹化手段通知专/兼职质量、安全管理人员对当事人或责任人进行处罚。

(3)各部门负责人、质量安全人员除采用电话通知、书面告知及拍照等痕迹化手段外,也可使用项目部统一的“协作队伍违约处理通知书”直接处罚。

(4)每次处罚均留下痕迹,如照片、会议纪要等。

3)申诉

被处罚班组对处罚存在异议,可拒绝在“违约处罚通知书”上签字,并在48小时内向领导小组提出申诉。领导小组在接到申诉后,应召集三人及以上领导小组成员和处罚执行人、被处罚班组进行复议。经复议,领导小组认为被处罚班组申诉理由充分、行为正当的,撤销处罚决定,已缴纳罚款的予以退回;领导小组认为原处罚决定事实清楚、处罚适当的,应予维持。

10.8.5　奖罚资金管理

奖励资金主要来源于项目部生产费用开支,也包含部分日常处罚资金;处罚资金从班组当月计量结算单中直接扣除。具体奖罚台账由安全科负责,安全科每月底将班组作业标准化专用资金管理台账进行公示。

10.9　班组标准化考核结果应用

10.9.1　本年度内施工班组在项目施工过程中有下列情况之一的,列入“黑名单”:

(1)发生一般及以上安全生产责任事故的;发生一般及以上质量事故的。

(2)施工现场因环保问题经媒体曝光等造成恶劣影响的。

(3)因拖欠工人工资引发群体性事件的。

(4)有意偷工减料、以次充好的;拒不整改施工存在的质量、安全等问题的。

(5)不服从管理,恐吓、辱骂、殴打管理人员,性质恶劣造成不良影响的。

(6)持假证上岗的。

(7)因其他问题造成恶劣影响的。

“黑名单”自公布后记录有效期为一年。班组标准化评优实行“黑名单”一票否决制,“黑名单”班组有效期内取消考核评优资格。

10.9.2　对“黑名单”班组,施工企业在选择时建议予以限制。对经评选为优秀的班组,可以优先承揽施工作业。

10.9.3　施工班组本年度发生质量安全事故的或因欠薪引发重大群体性事件的或因其他问题造成恶劣影响的,由施工企业予以清退。

10.9.4　考核结果公示7日后进行通报,与各参建单位的信用评价、评优评奖推荐挂钩。考核评优有效期原则上为一年。

11 班组应急体系建设

施工班组自救是高速公路工程建设安全应急“最后一公里”的关键,围绕“人人讲安全、个个会应急”的核心目标,提升施工班组在黄金救援时间内的准确反应和科学救治两项能力,是破解项目建设应急救援现实命题、强化生命护航的重要路径。

11.1 医疗救护绿色通道

在施工班组层级组建应急联络员队伍,形成班组联络员—项目部安全员—属地医院急救员的“三位一体”应急助力圈,签订医疗救护绿色通道协议,纳入医疗救护保障资源。在先行保障救治的原则下,随工程进程定期开展“全线领跑”,共同熟知各工点到属地医院的最快捷路线。“全线领跑”为班组紧急自救到主动送医院后续治疗这一“与时间赛跑”模式奠定了基础。

11.2 紧急处置组合训练

通过消防、急救专业单位进项目、进工点、进驻地,将紧急救护宣传教育工作由浅及深传递到施工班组。

11.2.1 面向工人

重点在医疗科普和应急宣教,包括急救药品的使用、应急器材的应用、常见伤情简易处理以及准确呼救等。在安全码系统开设医疗救护学习专栏,鼓励作业工人主动学习。通过医疗关怀和宣教,构建互信,使作业工人有事找联络人(拨打安全帽上电话)成为习惯。

11.2.2 面向应急联络人

重点培养紧急救护能力。建立施工现场典型伤情紧急救护事项清单，广泛持续地开展专项救护科目训练。

11.3 施工现场紧急伤情救治方法清单

施工现场紧急伤情救治方法清单见表 11-1。

施工现场紧急伤情救治方法清单　　表 11-1

序号	项目	适用范围	急救标准	图示
1	心肺复苏术	急性心肌梗死、心律失常等导致的心脏骤停，如车祸、溺水、电击等	4~6 分钟，一直抢救至心脏呼吸恢复或医护人员到达	
2	静脉出血绷带包扎急救法	暗红血液，触摸血管无搏动感，出血速度慢	5~10 分钟按压	
3	动脉出血指压急救法	颜色鲜红，血流较快，常呈喷射状	4 分钟内	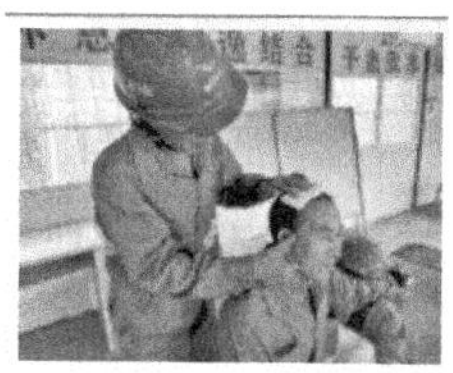
4	海姆立克法	主要用于气道异物梗阻的现场急救	黄金抢救时间在 5~10 分钟	

续上表

序号	项目	适用范围	急救标准	图示
5	热痉挛、热衰竭急救法	恶心呕吐、头晕乏力、肌肉痉挛体温增高、血压下降、神志改变	30分钟内	
6	中风(脑卒中)急救法	包括缺血性和出血性两种类型，伴随单侧肢体无力或麻木，侧面部麻木或口角歪斜，语言困难等	3~6小时	
7	癫痫急救法	意识丧失、四肢抽搐、全身僵直、口吐白沫	3~5小时	

11.4 五字要诀

“平战结合，实战为胜”，开展即时出题、即时模拟、即时评估的班组自救应急突击检验。按照“报、控、救、检、护”五字要诀，细化评价标准，从检验中查不足，在纠偏补弱中锤炼队伍。

以下以火灾突击模拟为例：

(1)报：现场目击者第一时间拨打项目部应急电话，由项目部应急联络人联系绿通医院急救专员。

(2)控：由班组负责人对事故的现场进行封闭警戒，开展周边巡查、险情排查、舆情防控。

(3)救：根据现场实际情况由应急联络员作出紧急伤情救助。

(4)检：险情排除后，由班组组织对现场进行排查，防止二次伤害。

(5)护：事故处理完毕之后，保护现场，做好原因分析，进行复盘及警示教育。

11.5 专常兼备应急部署

在突击模拟实战中不断总结经验，关注特殊区域(环节)应急装备物资的针对性，探索各类型施工工点的应急物资标准化体系。各施工场景应急物资配备清单见表11-2～表11-7。

桥梁施工应急物资配备清单 表11-2

风险隐患	应急物资	配置数量	覆盖范围	存储位置
车辆伤害、机械伤害 高处坠落、物体打击、起重伤害、中暑	警戒带	考虑事故范围，警戒带配置不少于500米	直径40米	大型设备
	应急药品箱、担架	应急药品箱内置降温药品、清洁毛巾、消毒药品、止血包扎用品等，担架为硬担架	覆盖5公里	工区应急仓库
	便携式应急药包	内置降温药品、清洁毛巾、消毒药品、止血包扎用品等。旋挖钻、冲击钻、汽车起重机、挖掘机等大型设备每种类型配备至少一包	每100人/包	大型设备驾驶室、桥面护栏
	固定式应急救援箱	桥面施工护栏单侧设置，每1公里设置一箱	桥梁下部、桥面施工作业区域设置，覆盖2～3公里，特殊位置加密布置	施工作业点

注：以上物资配备仅供参考，实际配备时应根据人员数量、施工规模等进行适当调整。

隧道施工应急物资配备清单 表11-3

风险隐患	应急物资	配置数量	覆盖范围	存储位置
火灾	4千克干粉灭火器(ABC)	作业台车单侧每层2具MP/ABC4灭火器，每台车设置16具	作业台车	防水板台车各层
		变压器、空压机，每个独立单元内配备4千克的干粉灭火器不少于2具	变压器、空压机等独立单元	变压器、空压机等独立单元
	应急照明灯	高度2.5米，设置距离50米（按0.5勒克斯照度计算），工作时间不小于45分钟	50米/个，人通、汽通进出口	沿隧道进洞放线设置
	对讲机	与洞口值班房直连，二衬台车处，每个二衬台车配置不少于2台	覆盖隧道双洞	洞口应急仓库
	隧道预警喇叭	二衬台车处，每个二衬台车配置不少于1台	单洞	二衬台车
	自救呼吸器面罩	过滤式或化学氧自救器，安全使用时间40分钟，静坐待救状态可维持2.5～3小时	开挖、支护作业人员配5%～10%备用量	沿隧道两侧间隔台车布置

续上表

风险隐患	应急物资	配置数量	覆盖范围	存储位置
隧道坍塌	手动破拆工具箱	金属切割器、凿子、钎子、冲杆等 8 件套	覆盖隧道双洞	洞口应急仓库
	手电筒	单洞配置 15 支	覆盖隧道双洞	洞口应急仓库
	逃生管道	设置起点为施工好的二衬端头处,距二衬端头距离不得大于 5 米,从衬砌工作面布置至距离开挖面 20 米以内的适当位置,管道沿着初期支护的一侧向掌子面铺设	二衬和掌子面之间	隧道洞内
		管口附近放置应急箱,箱内存放应急电筒、活动扳手、锤子、钢钎、食物等;食物包括饮用水、即食食品等应急物品,用量能够保障人员基本生活	掌子面作业人员	逃生管道管口内
	应急发电机	大于 200 千瓦	每台覆盖单洞	洞口应急仓库
机械伤害、车辆伤害、高处坠落、物体打击、中暑	应急药品箱、担架	应急药品箱内置降温药品、清洁毛巾、消毒药品、止血包扎用品等,担架为硬担架	每 100 人/箱;50 人/副担架	洞口应急仓库
	便携式应急药包	内置降温药品、清洁毛巾、消毒药品、止血包扎用品等,间隔台车布置	每 10 人/包	沿隧道照明侧

注:以上物资配备仅供参考,实际配备时应根据人员数量、施工规模等进行适当调整。

路基施工应急物资配备清单 表 11-4

风险隐患	应急物资	配置数量	覆盖范围	存储位置
车辆伤害、机械伤害、高处坠落、物体打击、起重伤害、中暑	警戒带	考虑事故范围,警戒带配置不少于 200 米	直径 40 米范围	大型设备
	应急药品箱、担架	应急药品箱内置降温药品、清洁毛巾、消毒药品、止血包扎用品等,担架为硬担架	每箱覆盖 150 人;每副担架覆盖 100 人	应急仓库
	便携式应急药包	内置降温药品、清洁毛巾、消毒药品、止血包扎用品等,筑路设备每台配备一包	筑路施工,防护施工	筑路设备,边坡作业点

注:以上物资配备仅供参考,实际配备时应根据人员数量、施工规模等进行适当调整。

临山、临水区应急物资配备清单 表 11-5

风险隐患	应急物资	配置数量	覆盖范围	存储位置
三防	砂石料(漫溢险情)	50 千克/袋供应量设置	可覆盖堆积高度 1 米,长 80 米的临时河堤	拌和站

续上表

风险隐患	应急物资	配置数量	覆盖范围	存储位置
三防	编织物料（消减冲击力，加强抗冲力）	编织布（防冲、铺垫），沿临水河道设置，根据河道长度及河岸边深度配备。 编织袋护坡，沿临水河道设置，每米设置8袋，高度1米左右	抗冲能力差；有漫溢风险的河堤	临近施工点的应急仓库
	绑扎材料	铁丝、棕麻绳、尼龙绳等，在防汛抢险中用于结扎块体和捆缆物料，可按河堤长度3倍计算	防洪河堤段	
	照明设备	50瓦防汛投光灯，每50平方米内设置一个；每个应急仓库设置一台防汛发电机组	1具可覆盖50平方米	
	防汛救生设备	考虑救援与转运能力，主要有救生衣20件、救生圈20件、橡皮船1条	配置数量满足15涉水人抢救	
	工（用）具类	考虑救援场地及人员，设置铁锹15把、十字镐15把、榔头5把、钢筋剪刀2把、钢丝钳4把	配置数量满足20涉水人抢救	
	抽水系统	12立方米/时抽水泵、直径50毫米，长度50米抽水软管	覆盖临水50米范围内	
	劳防用品类	绝缘手套50双、绝缘雨鞋50双、雨衣裤50套等	50人	

注：以上物资配备仅供参考，实际配备时应根据人员数量、施工规模等进行适当调整。

生活区、办公区应急物资配备清单 表11-6

风险隐患	应急物资	配置数量	覆盖范围	存储位置
火灾	4千克干粉灭火器（ABC）	每三个房间配备4千克干粉灭火器不少于1具，每个办公区配备灭火器不少于4具	每具覆盖50平方米	宿舍过道
		所有项目部的变压器、配电箱、厨房等消防重点场所，每个房间内配备4千克的干粉灭火器不少于2具	每2具覆1间	重点场所内
		值班室、门卫室等单独建筑配备灭火器不少于1具	每2具覆盖1间	单独建筑内
	气体灭火器	每100平方米必须配置1具4千克手提式灭火器	每2具覆盖1间或150平方米	办公室内

续上表

风险隐患	应急物资	配置数量	覆盖范围	存储位置
火灾	防毒面具、喊话器、口哨、太平斧	每8具灭火器配备一套	每套覆盖单层建筑	每层消防柜
	警戒带、发光指挥棒	每个单独建筑配备警戒带不少于建筑周长1.5倍;发光指挥棒每个区域配备2只	每套覆盖单栋建筑	应急仓库
	应急药品箱、急救担架	药箱内置烧伤药品、清洁毛巾、消毒药品、止血包扎用品等;担架为硬担架	每套覆盖单栋建筑	应急仓库
	手动破拆工具组	可完成撬、拧、凿、切割、劈砍操作;防滑设计的手柄可伸缩,工具头可拆卸	每套覆盖单栋建筑	应急仓库
触电	绝缘手套、绝缘鞋、木棍	每区设置一套	用电区域	应急仓库
外伤、中暑	应急药品箱	内置降温药品、清洁毛巾、消毒药品、止血包扎用品等	每层区域人员	应急仓库

注:以上物资配备仅供参考,实际配备时应根据人员数量、施工规模等进行适当调整。

"三厂"(钢筋加工场、拌和站、预制场)应急物资配备清单 表11-7

风险隐患	应急物资	配置数量	覆盖范围	存储位置
火灾	干粉灭火器4千克(ABC)	每个分配电箱不少于1具。每处气焊作业区内不少于1具。每25米设2具4千克干粉灭火器	须覆盖用电设备、气焊作业点、材料堆放区	场站内
	铁铲、沙桶、警戒带、防毒面具、喊话器、口哨、太平斧、发光指挥棒	每个单独加工区域配套一套消防柜	每套覆盖单独加工厂区	场站内消防柜
触电风险	绝缘手套、绝缘鞋、令克棒、干粉灭火器4千克(ABC)	每处2级配电箱设置一套	用电区域	配电柜边
机械伤害、起重伤害、高处坠落、车辆伤害、中暑	警戒带	考虑场站事故范围,警戒带配置不少于500米	直径40米	应急仓库
	应急药品箱、担架	应急药品箱内置降温药品、清洁毛巾、消毒药品、止血包扎、骨折固定用品等,担架为硬担架	每150人/箱;100人/副担架	应急仓库

注:以上物资配备仅供参考,实际配备时应根据人员数量、施工规模等进行适当调整。

12 班组预验收管理

12.1 预验收的对象及要求

12.1.1 班组预验收对象为项目部拟上报的施工分包单位或劳务合作单位作业班组。

12.1.2 专业工程的分包人应当具备国家规定的专业承包资质,并在规定可以承接的专业工程范围内承揽工程,配备相应的现场、技术、安全负责人。

12.1.3 专项工程的分包人应当具有法人资格、经发包人认可的类似工程业绩且具备分包工程所需机械设备(若自有设备的须提供购买发票或调拨单),并在规定可以承接的专项工程范围内承揽工程,配备具有类似业绩的现场、技术、安全负责人。

12.1.4 劳务合作单位应当具有施工劳务资质,配备具有类似业绩的现场负责人。

12.1.5 班组入场前须上报其管理组织机构,并由项目部、监理办、指挥部进行审查。对于专业分包、专项分包施工单位班组,应明确其现场、技术、安全负责人,以及组织机构部门负责人、各班组长名单。对于劳务合作单位,应明确其现场负责人、班组长名单。

12.1.6 施工分包单位相关人员应具有类似业绩及与专业相匹配的能力。现场、技术负责人应熟悉相关的施工图纸、规范、工艺及工序,熟知工序验收质量标准及报检程序,具备一定的现场协调能力;安全负责人应有类似业绩及与专业相匹配的能力,具有辨识现场作业危险源、发现安全隐患的能力,熟知现场施工作业、相关设备的安全操作规程,具备一定的现场应急处置能力。

12.1.7 劳务合作单位的现场负责人应具有类似工程施工经验和工作技能,熟悉相关的施工图纸、规范、工艺及工序和班组各岗位操作规程,能指导班组长作业,具备组织、引导、协调等方面的管理能力,具备一定的现场应急处置能力。

12.1.8 班组长应信用优良,遵纪守法,无违法、违规行为,年龄符合相关规定要求,身体健康,能胜任本职工作,具有类似工程施工经验和工作技能,掌握班组各岗位操作规程能指导班组成员作业,具备组织、引导、协调等方面的管理能力。

12.1.9 班组成员应信用优良,遵纪守法,无违法、违规行为,年龄符合相关规定要求,身体健康,能胜任本职工作,具有类似工程施工经验和工作技能。

12.1.10　班组具备成立党支部条件的应尽快成立党支部(包括临时党支部),并按照规范开展党内政治生活,不具备单独成立党支部条件的须组织工人党员与项目部党支部联合开展班组成员思想政治教育工作,积极参与立功竞赛、推优评先典型宣传等活动。

12.2 预验收程序管理

12.2.1　项目部拟实施的施工分包或劳务合作,由项目部按照相关规定要求提出施工分包或者劳务合作申请,提供施工分包或劳务合作单位相关证明、拟派驻人员等资料,按要求上报监理办审核。经监理办考察、面试后,指挥部组织开展预验收工作。项目部应当对其申报的施工分包或劳务合作单位相关资料的真实性负责,其人员数量、工种搭配应满足现场施工需求,监理办仔细审核无误后报指挥部预验收。预验收合格后,按相关程序上报指挥部。

12.2.2　班组入场前须根据班组类型编制班组组建方案。若是专业、专项分包,则应包含分包单位业绩、相关负责人履历、施工班组人数、机械设备数量、班组工作内容、工人驻地及进场时间、计划工期等;若是劳务合作,则应包含劳务单位业绩、现场负责人履历、施工班组人数、施工工作内容等。

12.2.3　班组入场前指挥部组织监理办、项目部对施工分包或劳务合作单位拟派驻人员开展考察、面试工作。若是专业、专项分包,则重点考察分包单位资质业绩情况、组织机构、项目重难点及拟采取措施、施工工序工艺工效、施工计划、拟投入的人员设备、安全管控措施、应急预案等情况;若是劳务合作,则重点考察劳务单位业绩、现场负责人履历及专业能力、施工班组人数及素质、施工工作内容熟悉程度等。

12.3 职 责 分 工

12.3.1　项目部应对施工分包或劳务合作单位相关材料真实性负责,对不少于三个班组进行考察比选。

12.3.2　监理办负责审查项目部申报的施工分包或劳务合作单位相关资料,同时组织开展班组的考察工作,考察合格后上报指挥部开展预验收工作。

12.3.3　指挥部应统筹做好班组预验收的相关工作。

13 班组管理"七小招"

实践证明,班组务实创新是提升班组管理的有效途径。班组管理必须从大处着眼,从小处入手,用精巧的"小手笔",做出秀丽的"大文章"。但要达到这个目的,班组长必须下一番功夫,不妨从以下七个方面入手。

13.1 班组定出"小规矩"

制度管理是现代企业管理的方法之一。班组应根据企业的经营方针和规章纪律,联系实际,制定出相应的制度和管理措施,以此规范班组员工的行为。

13.2 树立"小楷模"

在班组里选拔素质好、能力强、文化高、业务精、能团结帮助人的员工作为"小楷模",用他们的言行举止感召人、鼓舞人,使他们在班组管理和生产活动中起表率作用。

13.3 开展"小竞赛"

如果企业年轻人居多,要关注他们争强好胜的心理,不时搞些小型的劳动竞赛。其实,有时这些竞赛并不需要什么奖品,大家需要的只是他人的认同和明确自己在班组的位置。如此,不仅能促使技术好的员工由于强烈的认知感而主动帮助后进员工,在生产经营中发挥更大的作用,还能推动后进员工努力向前看齐,形成"互帮互助、人人争先"的好局面。

13.4 做好“小核算”

如今在市场经济导向下生存的企业，其班组必须进行全面的成本核算。班组可以通过预算与核算形成责任共负、风险共担的格局，增强员工的经营意识和危机意识，促进员工主动节约，降低成本。

13.5 开好“小座谈”

要想让企业精神深入班组，让企业决策变成员工的具体行动，就必须了解员工思想，同时让班组中每名成员坦诚相待。这就需要营造轻松、愉快的氛围。

所以，班组可以不定时地把班组成员组织在一起，通过聊天等发现员工生活中的困难或思想波动，及时地予以解决或劝说；针对员工之间的矛盾，也可以通过谈心的方式在公正、公开的氛围中将其淡化。如此，员工自然会产生归属感、亲切感、责任感，班组也才会有强大的凝聚力和战斗力。

13.6 征纳“小点子”

要成立班组“智囊团”，使其为企业发展献计献策，提合理化建议；鼓励员工搞小改革、小发明、小创造，也可对产生经济效益的“小点子”进行奖励。要通过使一个或几个员工经常提出建议和意见，带动所有员工关心团队，形成“群策群力”的局面。

13.7 执行“小惩罚”

有些班组长总是不好意思处理班组员工，甚至有时还千方百计“和稀泥”，总是在“大事化小、小事化了”上做文章，而不从问题根源上找原因。对在安全、质量、消耗、成本、任务等方面总是出问题的员工，不妨给予一定的小惩罚，促使其加强责任心、增强责任感。

14 班组各岗位应急处置卡

班组岗位应急处置卡卡片模板结合风险等级划分结果,采用“红(重大风险)、橙(较大风险)、黄(一般风险)”等不同底色进行标识,突出重大、较大风险的应急处置。为便于从业人员携带,尺寸大小一般为 8 厘米 ×12 厘米,宜塑封成卡片。应急处置卡编制完成,在实施前可组织相关人员进行桌面推演,完善后由本单位主要负责人签发。

14.1 内容和形式

14.1.1　根据应急处置卡编制目的和对现场处置的要求,将其主要内容归纳为 A、B、C、D 四大通用要素。

(1)A 即安全第一。任何情况下,应急处置首先要把“安全”放在第一位。即岗位人员首先判断是否危及自身安全,再考虑现场人员安全、装置安全、工艺安全,以及是否可能影响到周边区域的安全。判断来源于事先的应急培训和处置技能训练,重点岗位员工应具备根据现场情况对危险及后续变化情形作出判断的能力,保持头脑清醒、情绪镇定。

(2)B 即报告、报警。把必要的联系方式编制在处置卡上,便于紧急情况下持卡人员快速、有序地报告事故事件情况。包括当地消防、医院、公安等联系电话,直接上报的部门、管理者的电话,相邻装置、关联区域以及救援队伍的联系电话等。

(3)C 即采取(处置)行动。作为应急处置卡个性要素,应根据岗位、风险特点,总结形成应急处置要领或标准化操作程序,使采取行动的关键步骤简明、实用。已形成应急处置要领的内容,可直接将其编入该部分,无须另行编制。

(4)D 即到指定地点集合。处置完毕或紧急撤离后,现场所有人员应到事先规定或根据实际情况临时确定的“紧急集合点”集合,以便组织清点人数和及时考虑下一步处置措施。部分紧急情况下,重点岗位人员即专门负责紧急撤离的人员(如公共聚集场所的值班人员、楼层责任人),应负责告知所有人员撤离(逃生)路线,引领人员撤离到紧急集合点。

14.1.2　应急处置卡内容应“简明、实用、有效”，突出第一时间、第一现场的应急处置要求。其具体内容一般应包括但不限于下列内容：

(1)风险提示、事故情景描述。

(2)应急处置程序和措施。

(3)相关联络人员和联系方式。

(4)可调运的应急物资。

(5)相关工艺或处置流程图示。

(6)注意事项，重点包括个人防护器具佩戴、抢险救援器材使用、自救互救和防止次生事故等方面的内容。

根据岗位、人员与风险的对应性，可将应急处置卡分为两类形式，第一类为“多岗位人员应对某一风险”，第二类为“同一岗位人员应对多种风险”。在应急处置流程复杂或专业性较强时，推荐采用第一类“多岗位人员应对某一风险”形式。“现场处置方案”是应急预案体系的重要组成部分，属于应急预案的范畴，适用于现场基层组织。“应急处置卡”是应急预案的补充或前置措施，适用于重点(关键)岗位员工。

两者使用对象不同、条件不同，是相对独立、互为支持的关系，无须一个预案对应一套卡。

14.2 培训和使用

重点岗位、人员做到“一岗一卡、一人一卡”或“一岗多卡、一人多卡”。应急处置卡内容可在醒目位置张贴，便于员工查看，也可直接以电子版形式发放员工。重点岗位、人员应经常接受“应急处置卡”培训，掌握必要的知识、判断能力和处置技能。可结合现场处置方案演练检验其熟练程度与效果。应把重点岗位、人员“应急处置卡”培训与正确行使紧急避险权教育有机结合起来，避免因其岗位能力不足或紧急避险权行使不当引发失职、渎职行为。

若重点岗位员工在第一时间采用“应急处置卡”处置措施有效，可视情况不启动现场处置方案的响应程序。若在岗人员按照操作规程或重点岗位员工采用“应急处置卡”处置措施无效，或出现危及自身生命安全的情况不能采取处置措施，则应立即撤离作业现场，由现场基层组织启动应急预案进行处置与救援。

应急处置卡培训应纳入相关单位安全教育培训计划，在办理入职手续后同步发给相关人员并签字确认，并作为班前会重点教育和抽查内容。鼓励员工自主学习，通过相互提问等方式，巩固学习成果，做到内容熟知、运用熟练。应急处置卡使用过程中，应根据实际情况进行动态修改和完善。

14.3 事故类型应急处置卡示例

各事故类型应急处置卡示例见表 14-1 ~ 表 14-13。

蛇虫咬伤事故应急处置卡示例

表 14-1

<table>
<tr><th colspan="3">蛇虫咬伤事故应急处置卡</th></tr>
<tr><th>事故情景描述</th><th>应急处置步骤措施</th><th>实施人</th></tr>
<tr><td rowspan="4">施工现场发生人员蛇虫咬伤事故</td><td>报:立即报告现场值班人员及班组长</td><td>第一发现人</td></tr>
<tr><td>查:检查咬伤部位,检查人员意识是否清醒</td><td>现场人员</td></tr>
<tr><td>处:1. 立即停止施工,伤者坐下或者躺下,限制受伤肢体活动,把伤肢放在低处;其他无关人员立即转移到安全位置。
2. 用流动水或生理盐水冲洗伤口,放出毒素并涂抹药膏,应急物资准备充足。
3. 用(鞋带、手帕等)绑扎被咬伤的肢体(不要过紧,每隔半小时放松 1 ~ 2 分钟),绑扎同时可用冰块、冰袋冷敷伤口。
4. 按照应急联系方式进行报告</td><td>班组长、现场安全员、技术员</td></tr>
<tr><td>修:处置完毕后,对施工现场周边环境进行勘察;加强人员急救交底工作</td><td>班组长、网格员落实整改,安全员监督</td></tr>
<tr><td colspan="3">注意事项
伤者切勿惊慌失措,走动奔跑会使毒液快速向全身扩散;进行现场施救时,务必注意和防止蛇虫发生二次伤害或他人伤害</td></tr>
<tr><td colspan="3">现场处置流程
现场发生蛇虫咬伤事故→确认自身安全→报给相应管理工作人员→对人员进行施救→联系外部应急救援力量→配合医护人员转移伤员</td></tr>
<tr><td colspan="3">应急上报联系方式

1. 班组长: 电话:
2. 应急联系人: 电话:</td></tr>
</table>

坍塌事故应急处置卡示例 表 14-2

<table>
<tr><td colspan="3">坍塌事故应急处置卡</td></tr>
<tr><td>事故情景描述</td><td>应急处置步骤措施</td><td>实施人</td></tr>
<tr><td rowspan="4">施工现场发生坍塌事故</td><td>报:立即报告现场值班人员及班组长</td><td>第一发现人</td></tr>
<tr><td>查:1. 检查人员意识是否清醒。
2. 检查现场是否存在二次坍塌危险</td><td>现场人员</td></tr>
<tr><td>处:1. 立即停止施工,设立警戒区域,其他无关人员立即转移到安全位置。
2. 清除伤者被压重物,应急物资准备充足。
3. 若发生窒息,立即解开伤者衣领,清除伤者口鼻异物,做心肺复苏急救;如伤者出血,包扎伤口,有效止血;若伤者骨折、关节伤等,不得盲目随意移动。
4. 按照应急联系方式进行报告</td><td>班组长、现场安全员、技术员</td></tr>
<tr><td>修:处置完毕后,对施工现场进行全面排查整改;加强现场安全管理工作</td><td>班组长、网格员落实整改,安全员监督</td></tr>
<tr><td colspan="3">注意事项
进行施救时,务必确保周边安全;做心肺复苏时,一定操作规范,坚持到急救人员到达;包扎要用消毒纱布或干净的纱布,骨折时使用夹板固定;尽量减少伤员移动,防止引起其他伤害</td></tr>
<tr><td colspan="3">现场处置流程
现场发生坍塌事故→确认自身安全→现场设置警戒区域→报给相应管理工作人员→对人员进行施救→联系外部应急救援力量→配合医护人员转移伤员</td></tr>
<tr><td colspan="3">应急上报联系方式

1. 班组长: 电话:
2. 应急联系人: 电话:</td></tr>
</table>

出血事故应急处置卡示例 表 14-3

<table>
<tr><td colspan="3">出血事故应急处置卡</td></tr>
<tr><td>事故情景描述</td><td>应急处置步骤措施</td><td>实施人</td></tr>
<tr><td rowspan="4">施工现场发生人员出血事故</td><td>报:立即报告现场值班人员及班组长</td><td>第一发现人</td></tr>
<tr><td>查:检查人员出血部位和程度,检查人员意识是否清醒</td><td>现场人员</td></tr>
<tr><td>处:1. 立即停止施工,设立警戒区域,根据伤者情况进行处理。
2. 若静脉或毛细血管出血(出血缓慢流出),用碘伏和酒精消毒,将消毒纱布和棉垫盖在伤口上并缠以绷带;如动脉出血(出血喷涌),清理伤口表面明显残留物,用绷带或纱布包扎,按住伤口或动脉施加压力(伤口部位固定不动);应急物资准备充足。
3. 按照应急联系方式进行报告</td><td>班组长、现场安全员、技术员</td></tr>
<tr><td>修:处置完毕后,对施工现场存在的隐患点进行整改;加强现场安全管理工作</td><td>班组长、网格员落实整改,安全员监督</td></tr>
<tr><td colspan="3">注意事项
将伤者躺下,头低于身躯位置;不要清理伤口内物体;按压伤口要持续 20 分钟以上并时刻观察;不要移走或更换被血液浸透的纱布或绷带</td></tr>
<tr><td colspan="3">现场处置流程
现场发生出血事故→确认自身安全→现场设置警戒区域→报给相应管理工作人员→对人员进行施救→联系外部应急救援力量→配合医护人员转移伤员</td></tr>
<tr><td colspan="3">应急上报联系方式

1. 班组长: 电话:
2. 应急联系人: 电话:</td></tr>
</table>

烧伤事故应急处置卡示例　　表 14-4

<table>
<tr><td colspan="3">烧伤事故应急处置卡</td></tr>
<tr><td>事故情景描述</td><td>应急处置步骤措施</td><td>实施人</td></tr>
<tr><td rowspan="4">施工现场发生人员烧伤事故</td><td>报:立即报告现场值班人员及班组长</td><td>第一发现人</td></tr>
<tr><td>查:检查人员烧伤部位和程度,以及人员意识是否清醒</td><td>现场人员</td></tr>
<tr><td>处:1. 立即停止施工,设立警戒区域转移至安全地带,根据伤者情况进行处理;其他无关人员立即转移到安全位置。
2. 若伤者头面颈部严重烧伤,需要保持伤者的呼吸道通畅,以免伤者产生呼吸困难;如烧伤程度一般,及时使用大量冷水对烧伤部位进行冲洗,以干净的湿毛巾保护烧伤部位创面水泡或者破溃皮肤;应急物资准备充足。
3. 按照应急联系方式进行报告</td><td>班组长、现场安全员、技术员</td></tr>
<tr><td>修:处置完毕后,对施工现场存在的隐患点进行整改;加强现场安全管理工作</td><td>班组长、网格员落实整改,安全员监督</td></tr>
<tr><td colspan="3">注意事项
冲洗时间一般为 30 分钟左右,或者直到创面疼痛明显缓解,不要私自涂抹有颜色的物质或者药物,以免耽误医生对烧伤创面深度的判断</td></tr>
<tr><td colspan="3">现场处置流程
现场发生烧伤事故→确认自身安全→转移至安全地带→报给相应管理工作人员→检查人员受伤情况→对人员进行施救→联系外部应急救援力量→配合医护人员转移伤员</td></tr>
<tr><td colspan="3">应急上报联系方式

1. 班组长:　　　　电话:
2. 应急联系人:　　　　电话:</td></tr>
</table>

管线破坏事故应急处置卡示例

表 14-5

管线破坏事故应急处置卡

事故情景描述	应急处置步骤措施	实施人
施工现场发生管线破坏事故	报:立即报告现场值班人员及班组长	第一发现人
	查:检查人员是否被困或受到伤害	现场人员
	处:1. 立即停止施工,设立警戒区域,疏散人群,防止发生次生伤害;其他无关人员立即转移到安全位置;应急物资准备充足。 2. 按照应急联系方式进行报告	班组长、现场安全员、技术员
	修:处置完毕后,联合专业管理部门进行全面排查;加强涉管线施工的防护和交底	班组长、网格员落实整改,安全员监督

注意事项

在紧急救援期间,情况不明严禁擅自施救;发生油气等泄漏时,严禁烟火,立即联系专业人员寻求救助

现场处置流程

现场发生管线破坏事故→确认自身安全→现场设置警戒区域→报给相应管理工作人员→对人员进行施救→联系外部应急救援力量→配合相关专业人员

应急上报联系方式

1. 班组长: 电话:

2. 应急联系人: 电话:

高压电事故应急处置卡示例 表14-6

<table>
<tr><td colspan="3">高压电事故应急处置卡</td></tr>
<tr><td>事故情景描述</td><td>应急处置步骤措施</td><td>实施人</td></tr>
<tr><td rowspan="4">施工现场发生
高压电事故</td><td>报：立即报告现场值班人员及班组长</td><td>第一发现人</td></tr>
<tr><td>查：检查人员是否受到伤害，以及人员意识是否清醒</td><td>现场人员</td></tr>
<tr><td>处：1. 立即停止施工，双脚并拢或单脚跳离断线落地点，设立警戒区域，防止任何无关人员进入带电区域，其他无关人员立即转移到安全位置；应急物资准备充足。
2. 若有人员触电，穿戴好绝缘防护用品将伤员迅速转移至安全点，若如伤者发生心跳和呼吸骤停，立即做心肺复苏急救。
3. 按照应急联系方式进行报告</td><td>班组长、现场
安全员、技术员</td></tr>
<tr><td>修：处置完毕后，联系有关电力部门进行抢修；加强现场安全交底和防护措施</td><td>班组长、网格员落实
整改，安全员监督</td></tr>
<tr><td colspan="3">注意事项
对人员进行施救前，必须穿戴好绝缘防护用品；做心肺复苏急救务必规范操作</td></tr>
<tr><td colspan="3">现场处置流程
现场发生高压电事故→确认自身安全→立即跳离带电区域→设置警戒区域→报给相应管理工作人员→对人员进行施救→联系外部应急救援力量→配合相关专业人员</td></tr>
<tr><td colspan="3">应急上报联系方式

1. 班组长： 电话：
2. 应急联系人： 电话：</td></tr>
</table>

人员触电事故应急处置卡示例 表 14-7

<table>
<tr><td colspan="3">人员触电事故应急处置卡</td></tr>
<tr><td>事故情景描述</td><td>应急处置步骤措施</td><td>实施人</td></tr>
<tr><td rowspan="4">施工现场发生人员触电事故</td><td>报:立即报告班组长或项目应急联系人</td><td>第一发现人</td></tr>
<tr><td>查:检查人员意识是否清醒,检查人员触电部位及情况</td><td>现场人员</td></tr>
<tr><td>处:1. 立即切断电源,将伤者身上的电线使用绝缘工具移开,可采用干燥衣物严密包裹一只手,将触电人员拉离带电体;其他无关人员立即转移到安全位置。
2. 如果人在较高处触电,必须采取保护措施防止切断电源后触电人从高处摔下。
3. 触电者如神志清醒,应使其就地躺平,严密监视,暂时不要让其站立或走动。
4. 触电者如神志不清,应使其就地仰面躺开,确保其气道通畅,并用 5 秒的时间间隔呼叫伤者或轻拍其肩部,以判断伤者是否意识丧失。
5. 经现场救护后,在急救车到来后,迅速配合将伤者送至医院,并随时了解救护情况</td><td>班组长、现场安全员、技术员</td></tr>
<tr><td>修:对事故现场进行调查分析,查明原因,及时落实处罚及隐患整改;加强现场安全管理工作</td><td>班组长、网格员落实整改,安全员监督</td></tr>
<tr><td colspan="3">注意事项
切断的电线不可触及人体;若发现伤者呼吸心跳已停止,应立即用心肺复苏法进行抢救;不得用两只手去拉、不得触及皮肤、不可拉伤者的脚;本处置方法只适用于低压触电应急处置,绝不能用于高压触电的抢救</td></tr>
<tr><td colspan="3">现场处置流程
现场发生触电事故→确认自身安全→报给相应管理工作人员→现场立即进行断电→检查人员触电情况→联系外部应急救援力量→落实现场急救措施→配合医护人员转移伤员</td></tr>
<tr><td colspan="3">应急上报联系方式

1. 班组长: 电话:
2. 应急联系人: 电话:</td></tr>
</table>

人员骨折事故应急处置卡示例 表 14-8

人员骨折事故应急处置卡

事故情景描述	应急处置步骤措施	实施人
施工现场发生人员骨折事故	报:立即报告班组长或项目应急联系人	第一发现人
	查:检查人员意识是否清醒,检查人员骨折部位及情况	现场人员
	处:1. 立即停止现场施工,设立警戒区域,防止发生次生伤害;应急物资准备充足。 2. 如发现伤者心跳、呼吸已经停止或濒于停止,应立即进行人工呼吸;当伤者昏迷时应保持其呼吸道通畅。 3. 开放性伤口的处理应及时恰当地止血,并立即用消毒纱布包扎伤口。 4. 现场使用坚硬物体进行固定,也可用布带直接将伤肢绑在其躯干上。 5. 经现场救护后,在急救车到来后,迅速配合将伤者送至医院,并随时了解救护情况	班组长、现场安全员、技术员
	修:对事故现场进行调查分析,查明原因,及时落实处罚及隐患整改;加强现场安全管理工作	班组长、网格员落实整改,安全员监督

注意事项

包扎止血前,一定事先清理伤口处的异物;包扎伤口要用消毒纱布或干净的纱布,防止细菌感染;在骨折具体情况不明前禁止使用药物;尽量减少伤员行动,防止引起其他伤害

现场处置流程

现场发生骨折事故→确认自身安全→报给相应管理工作人员→停止施工设置警戒区域→检查人员受伤情况→联系外部应急救援力量→落实现场急救措施→配合医护人员转移伤员

应急上报联系方式

1. 班组长: 电话:

2. 应急联系人: 电话:

交通事故应急处置卡示例 表14-9

<table>
<tr><th colspan="3">交通事故应急处置卡</th></tr>
<tr><th>事故情景描述</th><th>应急处置步骤措施</th><th>实施人</th></tr>
<tr><td rowspan="4">施工现场发生
交通事故</td><td>报:立即报告班组长或项目应急联系人</td><td>第一发现人</td></tr>
<tr><td>查:检查现场情况,询问在场多名知情人员,了解现场是否有可调用监控视频</td><td>现场人员</td></tr>
<tr><td>处:1. 现场立即停止施工,在交通警察到来前,要保护好现场,不要移动现场物品;其他无关人员立即转移到安全位置。
2. 在事故车来车方向100米以外设置警告标志,车上人员迅速转移到右侧路肩上或应急车道内;应急物资准备充足。
3. 要尽可能将伤者移至安全地带,并利用身边的物品进行简单的包扎止血。
4. 当伤者呼吸和心跳均停止时,应立即进行人工呼吸及心肺复苏。
5. 遇到肇事车逃逸时,要记下车牌号码、车身颜色及特征,为调查提供依据和线索</td><td>班组长、现场
安全员、技术员</td></tr>
<tr><td>修:对事故现场进行调查分析,查明原因,及时落实处罚及隐患整改;加强现场安全管理工作</td><td>班组长、网格员落实整改,安全员监督</td></tr>
</table>

注意事项

遇到道路交通事故,不要惊慌失措,要保持冷静;暴露的伤口要尽可能先用干净布覆盖,再进行包扎;发生重大交通事故时,伤者很可能会脊椎骨折,这时千万不要翻动伤者,如果不能判断脊椎是否骨折,也应该按脊椎骨折处理

现场处置流程

现场发生交通事故→确认自身安全→报给相应管理工作人员→现场设置警戒区域→检查伤员情况→联系外部应急救援力量→落实现场急救措施→配合医护人员转移伤员

应急上报联系方式

1. 班组长: 电话:

2. 应急联系人: 电话:

人员落水事故应急处置卡示例 表 14-10

<table>
<tr><td colspan="3">人员落水事故应急处置卡</td></tr>
<tr><td>事故情景描述</td><td>应急处置步骤措施</td><td>实施人</td></tr>
<tr><td rowspan="4">施工现场发生
人员落水事故</td><td>报：立即报告班组长或项目应急联系人</td><td>第一发现人</td></tr>
<tr><td>查：检查人员落水处的周围环境及落水人员的状态</td><td>现场人员</td></tr>
<tr><td>处：1. 立即向落水人员抛扔救生圈或绳索，使落水人员不致远离落水地点。必要时救护人员在保证自身安全的情况下可下水救援；其他无关人员立即转移到安全位置。
2. 立即联系交通船组织救援。
3. 将落水者救出水面后，应立即清除其口、鼻腔内的水、泥及其他污物，用手帕裹着手指将伤者舌头拉出口外，解开伤者衣扣、领口，以保持其呼吸道畅通，并采取正确措施进行倒水。
4. 如果溺水者心跳、呼吸均停止，应立即进行口对口人工呼吸和胸外心脏按压复苏。
5. 经现场救护后，在急救车到来后，迅速配合将伤者送至医院，并随时了解救护情况</td><td>班组长、现场
安全员、技术员</td></tr>
<tr><td>修：对事故现场进行调查分析，查明原因。及时落实处罚及隐患整改；加强现场安全管理工作</td><td>班组长、网格员落实整改，安全员监督</td></tr>
<tr><td colspan="3">注意事项
所有急救措施必须在保证自身安全的情况下实施；在溺水者心跳停止后 4 分钟内救援最为关键；当溺水者心跳、呼吸恢复后，可用干毛巾自四肢、躯干向心脏方向对其进行摩擦，以促进其血液循环</td></tr>
<tr><td colspan="3">现场处置流程
现场发生落水事故→确认自身安全→报给相应管理工作人员→现场立即进行救援→检查人员落水情况→联系外部应急救援力量→落实现场急救措施→配合医护人员转移伤员</td></tr>
<tr><td colspan="3">应急上报联系方式

1. 班组长： 电话：
2. 应急联系人： 电话：</td></tr>
</table>

食物中毒事故应急处置卡示例　　表 14-11

<table>
<tr><td colspan="3">食物中毒事故应急处置卡</td></tr>
<tr><td>事故情景描述</td><td>应急处置步骤措施</td><td>实施人</td></tr>
<tr><td rowspan="4">施工现场发生
食物中毒事故</td><td>报:立即报告班组长或项目应急联系人</td><td>第一发现人</td></tr>
<tr><td>查:检查食物中毒现场,询问在场人员有关中毒人员信息,调查食物来源</td><td>现场人员</td></tr>
<tr><td>处:1. 停止食用中毒食品(饭菜),并将现场所有食物进行留样,以备检测;应急物资准备充足。
2. 采集中毒人员排泄物和可疑食品等标本,以备检验。
3. 组织好对中毒人员的救治工作。
4. 对中毒食物及有关工具、设备和现场采取临时封存措施,等待事故调查组调查。
5. 及时联系医院,经现场救护后,在急救车到来后,迅速配合将中毒人员送至医院,并随时了解救护情况</td><td>班组长、现场
安全员、技术员</td></tr>
<tr><td>修:对事故现场进行调查分析,查明原因,及时落实处罚及公示;加强食堂安全卫生管理工作</td><td>班组长、网格员
落实整改,安全员监督</td></tr>
<tr><td colspan="3">注意事项
食物中毒现场所有人员都要进行检测,以防有未出现症状的中毒者;查明中毒者中毒来源与原因后要及时告知中毒者;采集样品的数量要符合有关法律及规定</td></tr>
<tr><td colspan="3">现场处置流程
现场发生食物中毒事故→报给相应管理工作人员→现场立即进行控制→调查食物中毒者情况→联系外部应急救援力量→落实现场急救措施→及时将需要采集的各项样品按规定采集→配合医护人员转移伤员</td></tr>
<tr><td colspan="3">应急上报联系方式

1. 班组长:　　　　　　电话:
2. 应急联系人:　　　　电话:</td></tr>
</table>

人员窒息事故应急处置卡示例 表 14-12

人员窒息事故应急处置卡		
事故情景描述	应急处置步骤措施	实施人
施工现场发生人员窒息事故	报：立即报告班组长或项目应急联系人	第一发现人
	查：检查人员窒息现场，询问在场人员有关窒息人员信息	现场人员
	处：1. 现场立即停止施工，并将窒息人员脱离危险地点；其他无关人员立即转移到安全位置；应急物资准备充足。 2. 对于密闭空间内由于缺氧导致人员窒息的事故，施救人员应先强制向空间内部通风换气后方可进入进行施救。 3. 施救人员做好自身防护措施后，将窒息人员救离受害地点至地面以上或通风良好的地点，然后等待医务人员或在医务人员没有到场的情况进行紧急救助。 4. 密闭空间中毒窒息伤员呼吸和心跳均停止时，应立即对窒息人员实施人工呼吸和心肺复苏法	班组长、现场安全员、技术员
	修：对事故现场进行调查分析，查明原因，及时落实处罚及隐患整改；加强现场安全管理工作	班组长、网格员落实整改，安全员监督
注意事项 在医务人员未接替抢救前，现场抢救人员不得放弃现场抢救；人工呼吸及心肺复苏严格进行；密闭空间中毒窒息者如意识丧失，在 10 秒内，用看、听、试的方法判定伤员呼吸心跳情况		
现场处置流程 现场发生人员窒息事故→确认自身安全→报给相应管理工作人员→停止施工设置警戒区域→落实相应措施后进入空间进行救援→及时转移伤员→联系外部应急救援力量→落实现场急救措施→配合医护人员转移伤员		
应急上报联系方式  1. 班组长：　　　　电话： 2. 应急联系人：　　　　电话：		

中暑事故应急处置卡　　表 14-13

<table>
<tr><td colspan="3">中暑事故应急处置卡</td></tr>
<tr><td>事故情景描述</td><td>应急处置步骤措施</td><td>实施人</td></tr>
<tr><td rowspan="4">施工现场发生
中暑事故</td><td>报:立即报告班组长或项目应急联系人</td><td>第一发现人</td></tr>
<tr><td>查:检查现场情况,了解中暑人员基本身体情况</td><td>现场人员</td></tr>
<tr><td>处:1. 迅速将中暑人员抬到通风、阴凉、干爽的地方,使其平卧并解开衣扣,松开或脱去其衣服,如衣服被汗水湿透应更换衣服。
2. 采取正确方式为中暑人员进行降温;应急物资准备充足。
3. 当中暑人员仍有意识时,可给其一些清凉饮料,使其补充水分。
4. 中暑人员若已失去知觉,可指掐其人中、合谷等穴,使其苏醒;若其呼吸停止,应立即实施人工呼吸。
5. 遇到重度中暑人员时及时联系医院救援</td><td>班组长、现场
安全员、技术员</td></tr>
<tr><td>修:对工作场所的通风降温设施等进行检查,采取洒水降温等有效措施降低工作环境温度</td><td>班组长、网格员
落实整改,安全员监督</td></tr>
<tr><td colspan="3">注意事项
不要快速降低中暑人员体温,当中暑人员体温降至 38 摄氏度以下时,要停止一切冷敷等强降温措施;在补充水分时,可在饮料中加入少量盐或小苏打水,不可急于补充大量水分;不要给中暑人员食用生冷瓜果和油腻食物,以免引发其他病症</td></tr>
<tr><td colspan="3">现场处置流程
现场发生中暑事故→报给相应管理工作人员→立即转移中暑人员→检查中暑人员情况→落实现场急救措施(或联系外部应急救援力量→配合医护人员转移伤员)</td></tr>
<tr><td colspan="3">应急上报联系方式

1. 班组长:　　电话:
2. 应急联系人:　　电话:</td></tr>
</table>

14.4 管理人员应急处置卡示例

各管理人员应急处置卡示例见表 14-14 ~ 表 14-25。

项目经理应急处置卡示例 表 14-14

<table>
<tr><td colspan="3">项目经理应急处置卡</td></tr>
<tr><td>事故情景描述</td><td>应急处置步骤措施</td><td>实施人</td></tr>
<tr><td rowspan="4">施工现场有人员伤亡</td><td>报:立即报告上级及相关人员</td><td>项目经理</td></tr>
<tr><td>查:检查人员是否有外伤,以及人员意识是否清醒</td><td>项目经理</td></tr>
<tr><td>处:1. 启动安全事故应急救援预案,组织应急救援人员进行救援,落实应急救援物资、设备。
2. 安排抢险救援组,根据事故发生状态,统一布置应急救援预案的实施工作,防止事故进一步扩大,力争把事故损失降到最低程度。
3. 根据预案实施过程中发生的变化和问题,及时对预案进行修改和完善。
4. 配合上级部门进行事故调查处理工作。
5. 审定新闻发布材料,适时将事故原因、责任及处理意见向社会公布</td><td>项目经理</td></tr>
<tr><td>修:处置完毕后,组织管理人员对施工现场存在的隐患点进行整改;加强现场安全管理工作</td><td>项目经理</td></tr>
<tr><td colspan="3">注意事项
在紧急救援期间,施工现场应停止施工作业,排查清楚事故原因,并采取相应防范措施后才可施工</td></tr>
<tr><td colspan="3">现场处置流程
现场发生安全事故→确认自身安全→启动救援预案→组织救援人员→对人员进行施救→修改完善救援预案→配合上级部门调查→公布事故原因责任</td></tr>
<tr><td colspan="3">应急上报联系方式

应急联系人: 电话:</td></tr>
</table>

项目副经理应急处置卡示例 表 14-15

<table>
<tr><td colspan="3">项目副经理应急处置卡</td></tr>
<tr><td>事故情景描述</td><td>应急处置步骤措施</td><td>实施人</td></tr>
<tr><td rowspan="4">施工现场有人员伤亡</td><td>报:立即报告上级及相关人员</td><td>项目副经理</td></tr>
<tr><td>查:检查人员是否有外伤,以及人员意识是否清醒</td><td>项目副经理</td></tr>
<tr><td>处:1. 协助经理组织事故现场大检查,对查出的安全隐患等,指定专人或部门限期整改。
2. 亲临事故现场,组织调查事故原因及责任,对事故责任人提出处理意见,并制定预防措施。
3. 负责组织并参加事故现场检查,及时发现、解决施工现场中存在的问题,督促检查重大隐患的整改。
4. 参加事故调查会议,督促检查项目安全技术部门的工作。
5. 审批项目生产事故应急救援费用</td><td>项目副经理</td></tr>
<tr><td>修:处置完毕后,配合管理人员对施工现场存在的隐患点进行整改;加强现场安全管理工作</td><td>项目副经理</td></tr>
<tr><td colspan="3">注意事项
在紧急救援期间,施工现场应停止施工作业,排查清楚事故原因,并采取相应防范措施后才可施工</td></tr>
<tr><td colspan="3">现场处置流程
现场发生安全事故→确认自身安全→协助经理组织检查→调查事故原因→排查安全隐患→督促整改问题→参加事故调查会议→审批事故救援费用</td></tr>
<tr><td colspan="3">应急上报联系方式

应急联系人: 电话:</td></tr>
</table>

项目总工应急处置卡示例 表 14-16

<table>
<tr><td colspan="3">项目总工应急处置卡</td></tr>
<tr><td>事故情景描述</td><td>应急处置步骤措施</td><td>实施人</td></tr>
<tr><td rowspan="4">施工现场有人员伤亡</td><td>报:立即报告上级及相关人员</td><td>项目总工</td></tr>
<tr><td>查:检查人员是否有外伤,以及人员意识是否清醒</td><td>项目总工</td></tr>
<tr><td>处:1. 组织相关人员设置现场警戒区域参加事故现场调查,对事故进行技术原因分析、鉴定,提出改进措施。
2. 参加配合项目安全事故调查处理,从技术上分析事故原因,提出技术防范措施和整改意见。
3. 主持事故现场安全防护设施和设备的验收;若发现设备、设施的不正常情况应及时采取措施。
4. 组织事故现场人员和物资疏散工作</td><td>项目总工</td></tr>
<tr><td>修:处置完毕后,配合管理人员对施工现场存在的隐患点进行整改;加强现场安全管理工作</td><td>项目总工</td></tr>
<tr><td colspan="3">注意事项
在紧急救援期间,施工现场应停止施工作业,排查清楚事故原因,并采取相应防范措施后方可施工</td></tr>
<tr><td colspan="3">现场处置流程
现场发生安全事故→确认自身安全→组织设置警戒区域→进行事故调查→分析事故原因提出整改意见→主持安全设施验收→组织人员物资疏散</td></tr>
<tr><td colspan="3">应急上报联系方式

应急联系人: 电话:</td></tr>
</table>

质量管理部负责人应急处置卡　　表 14-17

<table>
<tr><td colspan="3">质量管理部负责人应急处置卡</td></tr>
<tr><td>事故情景描述</td><td>应急处置步骤措施</td><td>实施人</td></tr>
<tr><td rowspan="4">施工现场有人员伤亡</td><td>报:立即报告上级及相关人员</td><td>质量管理部负责人</td></tr>
<tr><td>查:检查人员是否有外伤,以及人员意识是否清醒</td><td>质量管理部负责人</td></tr>
<tr><td>处:1. 参与事故现场安全防护措施项目的审查和验收工作,组织相关人员对安全防护设施的研发。
2. 积极做好事故现场安全巡视工作,参与事故现场的安全检查,及时制止违章违法的施工作业,并提出合理的意见和建议。
3. 负责对事故、质量缺陷进行追踪分析,并对事故、质量缺陷提出处理意见</td><td>质量管理部负责人</td></tr>
<tr><td>修:处置完毕后,配合管理人员对施工现场存在的隐患点进行整改;加强现场安全管理工作</td><td>质量管理部负责人</td></tr>
<tr><td colspan="3">注意事项
在紧急救援期间,施工现场应停止施工作业,排查清楚事故原因,并采取相应防范措施后才可施工</td></tr>
<tr><td colspan="3">现场处置流程
现场发生安全事故→确认自身安全→参与防护措施审查验收→做好事故现场巡查→制止违规作业并提出建议→对事故现场质量进行分析→针对缺陷提出意见</td></tr>
<tr><td colspan="3">应急上报联系方式

应急联系人:　　　　　　电话:</td></tr>
</table>

工程管理部负责人应急处置卡示例 表 14-18

<table>
<tr><td colspan="3">工程管理部负责人应急处置卡</td></tr>
<tr><td>事故情景描述</td><td>应急处置步骤措施</td><td>实施人</td></tr>
<tr><td rowspan="3">施工现场发生人员伤亡事故</td><td>报:立即上报应急联系人</td><td>工程管理部负责人</td></tr>
<tr><td>查:1. 现场是否存在其他事故险情。
2. 现场是否按照专项施工方案落实</td><td>工程管理部负责人</td></tr>
<tr><td>处:1. 将其他无关人员立即转移到安全位置,对事故现场情况进行侦查、评估,协同现场应急小组制定抢救方案。
2. 应急物资准备充足;根据事故现场的特点,提供科学的工程技术方案和技术支持,组织工程技术人员开展现场督导,提供工程施工方面的技术支持。
3. 协助事故后的现场清理和恢复工作,对事故进行现场勘查、调查取证,调查分析和处理,并提出处理意见;对应急处置方案、措施及效果等进行评估,总结经验与教训,完善应急工作的意见和建议</td><td>工程管理部负责人</td></tr>
<tr><td colspan="3">注意事项
现场侦查评估时注意自身及周边安全,切勿慌乱和盲目指挥,根据自身职责做好相应工作</td></tr>
<tr><td colspan="3">现场处置流程
现场发生人员伤亡事故→确认自身安全→报给应急联系人→现场侦查→
提供技术支持及指导→配合相关救援工作</td></tr>
<tr><td colspan="3">应急上报联系方式

应急联系人: 电话:</td></tr>
</table>

安全管理部负责人应急处置卡示例 表 14-19

<table>
<tr><td colspan="3">安全管理部负责人应急处置卡</td></tr>
<tr><td>事故情景描述</td><td>应急处置步骤措施</td><td>实施人</td></tr>
<tr><td rowspan="3">施工现场发生人员伤亡事故</td><td>报:立即上报应急联系人或负责人</td><td>安全管理部负责人</td></tr>
<tr><td>查:1. 检查现场施救环境是否安全。
2. 检查现场应急抢救的操作是否正确</td><td>安全管理部负责人</td></tr>
<tr><td>处:1. 将其他无关人员立即转移到安全位置,传达各项应急指令,协调应急响应、处置过程中的应急保障,应急物资准备充足。
2. 发布现场抢险救灾方案和调整方案。
3. 发布、通报事故情况及应急处置工作进展情况。
4. 协助事故后的现场清理和恢复工作,对事故进行现场勘查、调查取证,调查分析和处理,并提出处理意见;对应急处置方案、措施及效果等进行评估,总结经验与教训,完善应急工作的意见和建议</td><td>安全管理部负责人</td></tr>
<tr><td colspan="3">注意事项
切勿慌乱,组织迅速,严格执行应急预案要求,到达现场务必确保自身及周边安全</td></tr>
<tr><td colspan="3">现场处置流程
现场发生人员伤亡事故→确认自身安全→报给应急联系人或负责人→传达各项应急指令→督促指导急救人员操作→联系外部应急救援力量→配合医护人员转移伤员</td></tr>
<tr><td colspan="3">应急上报联系方式

应急联系人: 电话:</td></tr>
</table>

技术管理部负责人应急处置卡示例 表 14-20

<table>
<tr><td colspan="3">技术管理部负责人应急处置卡</td></tr>
<tr><td>事故情景描述</td><td>应急处置步骤措施</td><td>实施人</td></tr>
<tr><td rowspan="3">施工现场发生人员伤亡事故</td><td>报:立即上报应急联系人</td><td>技术管理部负责人</td></tr>
<tr><td>查:检查救援过程中是否存在技术难题</td><td>技术管理部负责人</td></tr>
<tr><td>处:1. 将其他无关人员立即转移到安全位置,迅速组织各专家进行抢险方案决策。
2. 应急物资准备充足,对救援过程中遇到的技术难题及时给予技术指导,并协助修改、补充和调整抢救方案。
3. 为应急小组决策提供咨询和建议,为事故应急处置工作提供技术支持;预测事态发展趋势,研究事故救援和处置办法,分析事故原因,评估事故损失和提出恢复重建方案等相关建议。
4. 协助和配合对事故进行现场勘查、调查取证,调查分析和处理,并提出处理意见;对应急处置方案、措施及效果等进行评估,总结经验与教训,完善应急工作的意见和建议</td><td>技术管理部负责人</td></tr>
<tr><td colspan="3">注意事项
现场侦查评估时注意自身及周边安全,切勿慌乱和盲目指挥,根据自身职责做好相应工作</td></tr>
<tr><td colspan="3">现场处置流程
现场发生人员伤亡事故→确认自身安全→报给应急联系人→现场侦察决策抢救方案→解决救援技术难题→配合相关应急救援工作→提出恢复方案</td></tr>
<tr><td colspan="3">应急上报联系方式

应急联系人: 电话:</td></tr>
</table>

合同管理部负责人应急处置卡示例 表 14-21

<table>
<tr><td colspan="3">合同管理部负责人应急处置卡</td></tr>
<tr><td>事故情景描述</td><td>应急处置步骤措施</td><td>实施人</td></tr>
<tr><td rowspan="3">施工现场发生人员伤亡事故</td><td>报:立即上报应急联系人</td><td>合同管理部负责人</td></tr>
<tr><td>查:1. 检查协作队伍相关合同履约人员是否到位。
2. 检查受伤人员信息及事故现场基本情况</td><td>合同管理部负责人</td></tr>
<tr><td>处:1. 将其他无关人员立即转移到安全位置,负责做好事故伤亡人员家属的安抚工作,受伤人员医疗救护的跟踪工作。
2. 应急物资准备充足,按国家政策负责遇难者及家属的善后处理和受伤人员的善后工作。
3. 负责做好伤亡人员及财产损失的理赔工作</td><td>合同管理部负责人</td></tr>
<tr><td colspan="3">注意事项
现场侦查评估时注意自身及周边安全,根据自身职责做好相应工作</td></tr>
<tr><td colspan="3">现场处置流程
现场发生人员伤亡事故→确认自身安全→报给应急联系人员→了解伤员个人及家人基本情况→事故现场影像资料留存→跟踪伤者救治情况→善后安抚及理赔</td></tr>
<tr><td colspan="3">应急上报联系方式

应急联系人: 电话:</td></tr>
</table>

办公室负责人应急处置卡示例 表 14-22

<table>
<tr><td colspan="3">办公室负责人应急处置卡</td></tr>
<tr><td>事故情景描述</td><td>应急处置措施</td><td>协助人员</td></tr>
<tr><td>施工现场
发生事故</td><td>1. 接到应急救援领导小组的命令后立即组织应急指挥车到达事故现场。
2. 对事故现场影像资料进行存档。
3. 及时沟通应急救援各小组,及时传达应急救援领导小组下发的任务。
4. 为应急救援人员提供后勤保障。
5. 按天气环境等因素发放相应物资。
6. 及时与外界进行联系沟通汇报。
7. 配合其他救援小组完成应急救援工作</td><td>班组长、网格员、安全员、各应急救援小组</td></tr>
<tr><td colspan="3">注意事项
1. 应急指挥车到位必须迅速,要求应急救援领导小组,在事故发生后能够立即到达事故现场。
2. 影像资料要清晰、全面,应急救援过程中的影像资料要及时保存。
3. 保证与外界的联系通畅,及时传达领导小组命令。
4. 后勤保障必须及时跟上。
5. 应急救援过程中要确保自身安全</td></tr>
<tr><td colspan="3">现场处置流程
现场发生事故→报给相应管理工作人员→上报应急救援小组→接收应急救援领导小组分配的任务→确认自身安全→应急指挥车迅速到位→现场影像资料的收集保存→确保后勤保障工作的有序进行→协助其他救援小组完成救援任务</td></tr>
<tr><td colspan="3">应急上报联系方式

应急联系人: 电话:</td></tr>
</table>

财务负责人应急处置卡示例 表 14-23

<table>
<tr><td colspan="3">财务负责人应急处置卡</td></tr>
<tr><td>事故情景描述</td><td>应急处置措施</td><td>协助人员</td></tr>
<tr><td>施工现场
发生事故</td><td>1. 接到应急救援领导小组的命令后立即准备应急救援保障资金。
2. 审核应急救援过程中所产生的各项费用，及时供应资金，保障应急救援的顺利进行。
3. 对每笔费用进行跟踪，确保费用真正用于应急救援过程。
4. 及时支付医疗费用，确保受伤人员的生命安全。
5. 对事故现场进行分析记录，统计各方人员的经济及财产损失。
6. 及时向应急救援领导小组汇报事故造成的直接经济损失情况。
7. 配合其他救援小组完成应急救援工作</td><td>班组长、网格员、安全员、各救援小组</td></tr>
<tr><td colspan="3">注意事项
1. 所有费用支出均须应急救援领导小组的同意。
2. 现场进行事故调查的时候必须确保自身安全。
3. 所有费用支出都应有记录并附有相关证明。
4. 对财务进行分析时，应仔细分析记录，并附有相关证明。
5. 直接经济损失结果出来后，应立即上报应急救援领导小组处。
6. 配合其他救援小组完成救援任务</td></tr>
<tr><td colspan="3">现场处置流程
现场发生事故→报给相应管理工作人员→上报应急救援小组→接收应急救援领导小组分配的任务→确认自身安全→根据现场需求提供应急救援资金保障→对现场直接经济损失进行分析总结→上报应急救援领导小组</td></tr>
<tr><td colspan="3">应急上报联系方式

应急联系人： 电话：</td></tr>
</table>

机料管理部负责人应急处置卡示例 表 14-24

机料管理部负责人应急处置卡		
事故情景描述	应急处置措施	协助人员
施工现场 发生事故	1. 接到应急救援领导小组的命令后立即组织应急救援设备到达事故地点参与事故救援。 2. 现场指挥应急救援设备进行救援。 3. 根据现场救援情况及其他需要增加救援设备。 4. 为救援方案提供设备及材料的支持。 5. 根据事故情况参与或配合事故调查组的事故调查行动。 6. 提供相关设备及原材料的相关资料。 7. 配合其他救援小组完成应急救援工作	机料员、班组长

注意事项

1. 根据事故现场环境情况派遣应急救援设备。
2. 正确指挥应急救援设备开展应急救援活动。
3. 当技术保障组提出的方案所需设备无法立即到场时，要及时通知技术保障组更换方案。
4. 事故调查过程中对设备、材料有关问题进行分析总结。
5. 为事故调查提供真实准确的资料。
6. 应急救援过程中要确保自身安全

现场处置流程

现场发生事故→报给相应管理工作人员→上报应急救援小组→
接收应急救援领导小组分配的任务→确认自身安全→调度、指挥应急救援设备参与救援→
根据现场应急救援方案进行救援→协助其他救援小组完成救援任务

应急上报联系方式

应急联系人： 电话：

试验室负责人应急处置卡示例 表 14-25

试验室负责人应急处置卡		
事故情景描述	应急处置措施	协助人员
施工现场 发生事故	1. 接到应急救援领导小组的命令后立即前往施工现场参与救援活动。 2. 为应急救援方案的制定提供可靠的技术支持。 3. 对事故现场进行技术支持。 4. 对事故现场进行取样保存，并进行检测。 5. 对事故现场各设施材料进行试验。 6. 做好事故现场的警戒工作。 7. 配合其他救援小组完成应急救援工作	试验员、班组长、网格员

注意事项

1. 现场取样时不能破坏事故现场情况。
2. 现场进行应急救援的时候必须确保自身安全。
3. 尽快完成试验检测活动，并出具相关报告。
4. 安排专人对现场进行警示警戒，严禁随意进入事故现场。
5. 不允许任何人对事故现场进行拍照留档。
6. 配合其他救援小组完成救援任务

现场处置流程

现场发生事故→报给相应管理工作人员→上报应急救援小组→
接收应急救援领导小组分配的任务→确认自身安全→
对现场进行取样试验→现场进行警示警戒→分析总结事故原因→上报应急救援领导小组

应急上报联系方式

应急联系人： 电话：

14.5 施工人员应急处置卡示例

各施工人员应急处置卡示例见表 14-26 ~ 表 14-55。

普工岗位应急处置卡示例 表 14-26

<table>
<tr><td colspan="2">普工岗位应急处置卡</td></tr>
<tr><td>事故类型</td><td>应急处置措施</td></tr>
<tr><td>出血</td><td>1. 出血较少:清洗消毒、包扎止血。
2. 出现较大伤口或出血较多:清洗消毒、包扎止血→送至医院救治</td></tr>
<tr><td>骨折</td><td>不盲目搬动伤者,等待医护人员进行搬运,有伤口出血的对受伤部位进行消毒止血→送至医院救治</td></tr>
<tr><td>刺伤或扎伤</td><td>取出异物(若被较大的锐物刺伤,不可现场拔出刺入异物)→清洗消毒、包扎止血→若出血不止或无法取出异物,送至医院救治</td></tr>
<tr><td>休克</td><td>遇呼吸、心跳停止者,进行人工呼吸,胸外心脏按压→伤员保暖、平卧、少动,下肢抬高约 20 度→送至医院救治</td></tr>
<tr><td>淹溺</td><td>立即用竹竿或救生圈等将溺水者救上岸→清除溺水者口、鼻内异物,进行控水(倒水),使胃内积水倒出;松解溺水者衣物,并注意保暖,必要时将其舌头用毛巾、纱布包裹拉出,保持其呼吸道畅通→送至医院救治</td></tr>
<tr><td>中暑</td><td>将中暑者抬至阴凉通风处→对中暑者进行物理降温→检查呼吸、体温→给中暑者外用、内服解暑药物→若中暑者呼吸心跳停止,宜实施心肺复苏→必要时送至医院救治</td></tr>
<tr><td colspan="2">注意事项
在紧急救援期间,施工现场应停止施工作业,排查清楚事故原因,并采取相应防范措施后才可施工</td></tr>
<tr><td colspan="2">现场处置流程
确认自身安全→关闭机械设备→人员疏散→联系班组长、现场管理人员→设置警戒→医疗救护</td></tr>
<tr><td colspan="2">应急上报联系方式

1. 班组长: 电话:
2. 应急联系人: 电话:</td></tr>
</table>

木工岗位应急处置卡示例 表 14-27

木工岗位应急处置卡

事故类型	应急处置措施
出血	1. 出血较少:清洗消毒、包扎止血。 2. 出现较大伤口或出血较多:清洗消毒、包扎止血→送至医院救治
骨折	不盲目搬动伤者,等待医护人员进行搬运,有伤口出血的对受伤部位进行消毒止血→送至医院救治
刺伤或扎伤	取出异物(若被较大的锐物刺伤,不可现场拔出刺入异物)→清洗消毒、包扎止血→若出血不止或无法取出异物,送至医院救治
休克	遇呼吸、心跳停止者,进行人工呼吸,胸外心脏按压→伤员保暖、平卧、少动,下肢抬高约 20 度→送至医院救治
触电	找到上级电箱切断电源或用干燥的绝缘木棒将电源线从触电者身上拨离(触电者未脱离电源前,不准直接用手触及触电者,防止触电)→送至医院救治
坍塌	在条件允许情况下,将伤者从坍塌现场移走→设置警示围护→协助医务人员实施各项救护措施
火灾	立即呼救→判断火势来源→用湿毛巾捂住口鼻、压低身子、背向火焰方向迅速撤离→条件允许则将伤者带离火灾现场→协助消防人员实施各项灭火措施

注意事项

在紧急救援期间,施工现场应停止施工作业,排查清楚事故原因,并采取相应防范措施后才可施工

现场处置流程

确认自身安全→人员疏散→联系班组长、现场管理人员→设置警戒→医疗救护

应急上报联系方式

1. 班组长: 电话:

2. 应急联系人: 电话:

模板工岗位应急处置卡示例 表 14-28

模板工岗位应急处置卡	
事故类型	应急处置措施
出血	1. 出血较少:清洗消毒、包扎止血。 2. 出现较大伤口或出血较多:清洗消毒、包扎止血→送至医院救治
骨折	不盲目搬动伤者,等待医护人员进行搬运,有伤口出血的对受伤部位进行消毒止血→送至医院救治
刺伤或扎伤	取出异物(若被较大的锐物刺伤,不可现场拔出刺人异物)→清洗消毒、包扎止血→若出血不止或无法取出异物,送至医院救治
休克	遇呼吸、心跳停止者,进行人工呼吸,胸外心脏按压→伤员保暖、平卧、少动,下肢抬高约 20 度→送至医院救治
触电	找到上级电箱切断电源或用干燥的绝缘木棒将电源线从触电者身上拨离(触电者未脱离电源前,不准直接用手触及触电者,防止触电)→送至医院救治
坍塌	在条件允许情况下,将伤者从坍塌现场移走→设置警示围护→协助医务人员实施各项救护措施
火灾	立即呼救→判断火势来源→用湿毛巾捂住口鼻、压低身子、背向火焰方向迅速撤离→条件允许则将伤者带离火灾现场→协助消防人员实施各项灭火措施
注意事项 在紧急救援期间,施工现场应停止施工作业,排查清楚事故原因,并采取相应防范措施后才可施工	
现场处置流程 确认自身安全→人员疏散→联系班组长、现场管理人员→设置警戒→医疗救护	
应急上报联系方式  1. 班组长: 电话: 2. 应急联系人: 电话:	

钢筋工岗位应急处置卡示例 表 14-29

<table>
<tr><td colspan="2">钢筋工岗位应急处置卡</td></tr>
<tr><td>事故类型</td><td>应急处置措施</td></tr>
<tr><td>出血</td><td>1. 出血较少:清洗消毒、包扎止血。
2. 出现较大伤口或出血较多:清洗消毒、包扎止血→送至医院救治</td></tr>
<tr><td>骨折</td><td>不盲目搬动伤者,等待医护人员进行搬运,有伤口出血的对受伤部位进行消毒止血→送至医院救治</td></tr>
<tr><td>刺伤或扎伤</td><td>取出异物(若被较大的锐物刺伤,不可现场拔出刺入异物)→清洗消毒、包扎止血→若出血不止或无法取出异物,送至医院救治</td></tr>
<tr><td>休克</td><td>遇呼吸、心跳停止者,进行人工呼吸,胸外心脏按压→伤员保暖、平卧、少动,下肢抬高约 20 度→送至医院救治</td></tr>
<tr><td>触电</td><td>找到上级电箱切断电源或用干燥的绝缘木棒将电源线从触电者身上拨离(触电者未脱离电源前,不准直接用手触及伤员,防止触电)→送至医院救治</td></tr>
<tr><td>坍塌</td><td>在条件允许情况下,将伤员从坍塌现场移走→设置警示围护→协助医务人员实施各项救护措施</td></tr>
<tr><td>中暑</td><td>将中暑者抬至阴凉通风处→对中暑者进行物理降温→检查中暑者呼吸、体温→给中暑者外用、内服解暑药物→若中暑者呼吸心跳停止,宜实施心肺复苏→必要时送至医院救治</td></tr>
<tr><td colspan="2">注意事项
在紧急救援期间,施工现场应停止施工作业,排查清楚事故原因,并采取相应防范措施后才可施工</td></tr>
<tr><td colspan="2">现场处置流程
确认自身安全→关闭机械设备→人员疏散→联系班组长、现场管理人员→设置警戒→医疗救护</td></tr>
<tr><td colspan="2">应急上报联系方式

1. 班组长: 电话:
2. 应急联系人: 电话:</td></tr>
</table>

电焊工岗位应急处置卡示例 表 14-30

电焊工岗位应急处置卡

事故类型	应急处置措施
触电	找到上级电箱切断电源或用干燥的绝缘木棒将电源线从触电者身上拨离(触电者未脱离电源前,不准直接用手触及触电者,防止触电)→送至医院救治
灼烫	1. 轻度烫伤:冷水冲淋,视情况就医。 2. 大面积或重度烫伤:脱掉衣物(若衣物与皮肤粘连,不可强行扯下衣物,交由急救人员或医生处理)→冷水冲淋→送至医院救治
出血	1. 出血较少:清洗消毒、包扎止血。 2. 出现较大伤口或出血较多:清洗消毒、包扎止血→送至医院救治
火灾	立即呼救→判断火势来源→用湿毛巾捂住口鼻、压低身子、背向火焰方向迅速撤离→条件允许则将伤者带离火灾现场→协助消防人员实施各项灭火措施
中毒、窒息	立即撤离至安全地带→在条件允许情况下,将中毒者/窒息者救至安全地带→协助医务人员实施各项救护措施
休克	遇呼吸、心跳停止者,进行人工呼吸,胸外心脏按压→伤员保暖、平卧、少动,下肢抬高约20度→送至医院救治

注意事项

1. 在紧急救援期间,施工现场应停止施工作业,排查清楚事故原因,并采取相应防范措施后方可施工。
2. 电气设备起火情况下,不能使用水和泡沫灭火器进行灭火

现场处置流程

确认自身安全→人员疏散→联系班组长、现场管理人员→设置警戒→医疗救护

应急上报联系方式

1. 班组长: 电话:
2. 应急联系人: 电话:

电工岗位应急处置卡示例 表 14-31

<table>
<tr><td colspan="2">电工岗位应急处置卡</td></tr>
<tr><td>事故类型</td><td>应急处置措施</td></tr>
<tr><td>触电</td><td>找到上级电箱切断电源或用干燥的绝缘木棒将电源线从触电者身上拨离(触电者未脱离电源前,不准直接用手触及触电者,防止触电)→送至医院救治</td></tr>
<tr><td>灼烫</td><td>1. 轻度烫伤:冷水冲淋,视情况就医。
2. 大面积或重度烫伤:脱掉衣物(若衣物与皮肤粘连,不可强行扯下衣物,交由急救人员或医生处理)→冷水冲淋→送至医院救治</td></tr>
<tr><td>出血</td><td>1. 出血较少:清洗消毒、包扎止血。
2. 出现较大伤口或出血较多:清洗消毒、包扎止血→送至医院救治</td></tr>
<tr><td>骨折</td><td>不盲目搬动伤者,等待医护人员进行搬运,有伤口出血地对受伤部位进行消毒止血→送至医院救治</td></tr>
<tr><td>休克</td><td>遇呼吸、心跳停止者,进行人工呼吸,胸外心脏按压→伤员保暖、平卧、少动,下肢抬高约20度→送至医院救治</td></tr>
<tr><td colspan="2">注意事项
1. 在紧急救援期间,施工现场应停止施工作业,排查清楚事故原因,并采取相应防范措施后方可施工。
2. 夜间发生触电事故时,应考虑切断电源后的临时照明问题,以利救护。
3. 电气设备起火情况下,不能使用水和泡沫灭火器进行灭火</td></tr>
<tr><td colspan="2">现场处置流程
确认自身安全→切断电源→人员疏散→联系班组长、现场管理人员→设置警戒→医疗救护</td></tr>
<tr><td colspan="2">应急上报联系方式

1. 班组长: 电话:
2. 应急联系人: 电话:</td></tr>
</table>

安装工岗位应急处置卡示例 表 14-32

<table>
<tr><td colspan="2">安装工岗位应急处置卡</td></tr>
<tr><td>事故类型</td><td>应急处置措施</td></tr>
<tr><td>物体打击</td><td>发生事故后及时向现场管理人员报告，通知急救人员，尽可能当场施救，尽可能不要移动伤者，如需移动，在搬运途中须及时观察伤者呼吸和脸色变化，尽量把伤者放在担架或平板上搬运</td></tr>
<tr><td>机械伤害</td><td>对发生机械伤害的伤员，应迅速小心地使伤员脱离伤源，必要时，拆卸机器，移出受伤的肢体。根据受伤轻重，及时把伤员送往医院治疗</td></tr>
<tr><td>起重伤害</td><td>事故发生后，现场人员应根据事故发生的实际情况针对性采取措施，如有人受伤时，应对受伤人员进行急救，并大声呼叫邻近岗位人员进行帮助，及时送医。受伤人员出现呼吸、心脏停止症状后，必须进行人工呼吸</td></tr>
<tr><td>高处坠落</td><td>发现坠落伤员，首先看其是否清醒，能否自主活动；若伤员已不能动或不清醒，切不可乱抬，更不能将其背起来；应当及时将伤员送医</td></tr>
<tr><td colspan="2">注意事项
在紧急救援期间，施工现场应停止施工作业，排查清楚事故原因，并采取相应防范措施后才可施工（主要是应急操作上的注意事项，如个人防护器具使用、设备设施使用要点、次生事故防范等）</td></tr>
<tr><td colspan="2">现场处置流程
确认自身安全→人员疏散→联系班组长、现场管理人员→设置警戒→医疗救护</td></tr>
<tr><td colspan="2">应急上报联系方式

1. 班组长： 电话：
2. 应急联系人： 电话：</td></tr>
</table>

混凝土浇捣工岗位应急处置卡示例 表 14-33

<table>
<tr><th colspan="2">混凝土浇捣工岗位应急处置卡</th></tr>
<tr><td>事故类型</td><td>应急处置措施</td></tr>
<tr><td>物体打击</td><td>发生事故后及时向现场管理人员报告,通知急救人员,尽可能当场施救,尽可能不要移动伤者,如需移动,在搬运途中须及时观察伤者呼吸和脸色变化,尽量把伤者放在担架或平板上搬运</td></tr>
<tr><td>机械伤害</td><td>对发生机械伤害的伤员,应迅速小心地使伤员脱离伤源,必要时,拆卸机器,移出受伤的肢体。根据受伤轻重,及时把伤员送往医院治疗</td></tr>
<tr><td>起重伤害</td><td>事故发生后,现场人员应根据事故发生的实际情况针对性采取措施,如有人受伤时,应对受伤人员进行急救,并大声呼叫邻近岗位人员进行帮助,及时送医。受伤人员出现呼吸、心脏停止症状后,必须进行人工呼吸</td></tr>
<tr><td>触电</td><td>发生人员触电时须立即拉下开关,切断电源、联系急救中心并向应急联系人报告,当触电者脱离电源后及时送医,若触电者伤势过重路途中出现呼吸紊乱、呼吸及心脏停止等行为应立即进行胸部按压及人工呼吸,途中不得停止急救</td></tr>
<tr><td colspan="2">注意事项
在紧急救援期间,施工现场应停止施工作业,排查清楚事故原因,并采取相应防范措施后才可施工(主要是应急操作上的注意事项,如个人防护器具使用、设备设施使用要点、次生事故防范等)</td></tr>
<tr><td colspan="2">现场处置流程
确认自身安全→切断电源→人员疏散→联系班组长、现场管理人员→设置警戒→医疗救护</td></tr>
<tr><td colspan="2">应急上报联系方式

1. 班组长: 电话:
2. 应急联系人: 电话:</td></tr>
</table>

架子工岗位应急处置卡示例 表 14-34

<table>
<tr><td colspan="2">架子工岗位应急处置卡</td></tr>
<tr><td>事故类型</td><td>应急处置措施</td></tr>
<tr><td>高处坠落</td><td>发现坠落伤员，首先看其是否清醒，能否自主活动。若伤员已不能动或不清醒，切不可乱抬，更不能将其背起来，应当及时送伤员就医</td></tr>
<tr><td>起重伤害</td><td>事故发生后，现场人员应根据事故发生的实际情况针对性采取措施，如有人受伤时，应对受伤人员进行急救，并大声呼叫邻近岗位人员进行帮助，及时送医。受伤人员出现呼吸、心脏停止症状后，必须进行人工呼吸</td></tr>
<tr><td>机械伤害</td><td>对发生机械伤害的伤员，应迅速小心地使伤员脱离伤源，必要时，拆卸机器，移出受伤的肢体。根据受伤轻重，及时把伤员送往医院治疗</td></tr>
<tr><td>坍塌伤害</td><td>条件允许的情况下，及时将伤员从坍塌现场移走，救援人员到场之后，协助医务人员实施各项救护措施</td></tr>
<tr><td colspan="2">注意事项
在紧急救援期间，施工现场应停止施工作业，排查清楚事故原因，并采取相应防范措施后方可施工（主要是应急操作上的注意事项，如个人防护器具使用、设备设施使用要点、次生事故防范等）</td></tr>
<tr><td colspan="2">现场处置流程
确认自身安全→人员疏散→联系班组长、现场管理人员→设置警戒→医疗救护</td></tr>
<tr><td colspan="2">应急上报联系方式

1. 班组长： 电话：
2. 应急联系人： 电话：</td></tr>
</table>

司索工岗位应急处置卡示例 表 14-35

<table>
<tr><td colspan="2">司索工岗位应急处置卡</td></tr>
<tr><td>事故类型</td><td>应急处置措施</td></tr>
<tr><td>车辆伤害</td><td>发生车辆伤害事故时,驾驶员应立即熄火停车、打开双闪,在车后50米左右设置危险警示标志;现场人员应立即报告应急联系人,有人员受伤较重情况立即拨打急救电话</td></tr>
<tr><td>物体打击</td><td>发生事故后及时向现场管理人员报告,通知急救人员,尽可能当场施救,尽可能不要移动伤者,如需移动,在搬运途中需及时观察伤者呼吸和脸色变化,尽量把伤者放在担架或平板上搬运</td></tr>
<tr><td>起重伤害</td><td>事故发生后,现场人员应根据事故发生的实际情况针对性采取措施,如有人受伤时,应对受伤人员进行急救,并大声呼叫邻近岗位人员进行帮助,及时送医。受伤人员出现呼吸、心脏停止症状后,必须进行人工呼吸</td></tr>
<tr><td>淹溺伤害</td><td>现场人员发现溺水者,立即进行施救工作。溺水者被救上岸后,立即拨打急救电话并立即清理溺水者口、鼻中的泥沙、呕吐物等,并保持其呼吸通畅</td></tr>
<tr><td colspan="2">注意事项
在紧急救援期间,施工现场应停止施工作业,排查清楚事故原因,并采取相应防范措施后方可施工(主要是应急操作上的注意事项,如个人防护器具使用、设备设施使用要点、次生事故防范等)</td></tr>
<tr><td colspan="2">现场处置流程
确认自身安全→人员疏散→联系班组长、现场管理人员→设置警戒→医疗救护</td></tr>
<tr><td colspan="2">应急上报联系方式

1. 班组长: 电话:
2. 应急联系人: 电话:</td></tr>
</table>

张拉工岗位应急处置卡示例 表14-36

张拉工岗位应急处置卡

事故类型	应急处置措施
机械伤害	对发生机械伤害的伤员，应迅速小心地使伤员脱离伤源，必要时，拆卸机器，移出受伤的肢体。根据受伤轻重，及时把伤员送往医院治疗
高处坠落	发现坠落伤员，首先看其是否清醒，能否自主活动；若伤员已不能动或不清醒，切不可乱抬，更不能将其背起来，应当及时送伤员就医
物体打击	发生事故后及时向现场管理人员报告，通知急救人员，尽可能当场施救，尽可能不要移动伤者，如需移动，在搬运途中需及时观察伤者呼吸和脸色变化，尽量把伤者放在担架或平板上搬运
起重伤害	发生事故后，起重司机应立即停止作业并对周围人员进行呼救，对受伤人员进行急救、送医，同时上报应急联系人。若受伤人员呼吸紊乱、心脏停止等症状，必须立即进行人工呼吸

注意事项

在紧急救援期间，施工现场应停止施工作业，排查清楚事故原因，并采取相应防范措施后方可施工（主要是应急操作上的注意事项，如个人防护器具使用、设备设施使用要点、次生事故防范等）

现场处置流程

现场应急处置→应急上报→人员疏散→及时送医

应急上报联系方式

1. 班组长： 电话：

2. 应急联系人： 电话：

打磨工岗位应急处置卡示例　　表 14-37

打磨工岗位应急处置卡

事故类型	应急处置措施
出血	1. 出血较少:清洗消毒、包扎止血。 2. 出现较大伤口或出血较多:清洗消毒、包扎止血→送至医院救治
骨折	不盲目搬动伤者,等待医护人员进行搬运;有伤口出血的,对受伤部位进行消毒止血→送至医院救治
刺伤或扎伤	取出异物(若被较大的锐物刺伤,不可现场拔出刺入异物)→清洗消毒、包扎止血→若出血不止或无法取出异物,送至医院救治
休克	遇呼吸、心跳停止者,进行人工呼吸,胸外心脏按压→伤员保暖、平卧、少动,下肢抬高约 20 度→送至医院救治
触电	找到上级电箱切断电源或用干燥的绝缘木棒、竹竿等将电源线从触电者身上拨离(触电者未脱离电源前,救护人员不准直接用手触及触电者,防止触电)→送至医院救治
中暑	迅速将中暑者抬至阴凉通风处→对中暑者进行物理降温→检查呼吸、体温→给中暑者外用、内服解暑药物→若中暑者呼吸心跳停止,宜实施心肺复苏→必要时送至医院救治

注意事项

在紧急救援期间,施工现场应停止施工作业,排查清楚事故原因,并采取相应防范措施后方可施工

现场处置流程

关闭机械设备→人员疏散→联系班组长、现场管理人员→设置警戒→医疗救护

应急上报联系方式

1. 班组长:　　　　　　　　电话:

2. 应急联系人:　　　　　　电话:

调平工岗位应急处置卡示例 表 14-38

调平工岗位应急处置卡

事故类型	应急处置措施
出血	1. 出血较少:清洗消毒、包扎止血。 2. 出现较大伤口或出血较多:清洗消毒、包扎止血→送至医院救治
骨折	不盲目搬动伤者,等待医护人员进行搬运;有伤口出血的,对受伤部位进行消毒止血→送至医院救治
刺伤或扎伤	取出异物(若被较大的锐物刺伤,不可现场拔出刺入异物)→清洗消毒、包扎止血→若出血不止或无法取出异物,送至医院救治
休克	遇呼吸、心跳停止者,进行人工呼吸,胸外心脏按压→伤员保暖、平卧、少动,下肢抬高约 20 度→送至医院救治
中暑	迅速将中暑者抬至阴凉通风处→对中暑者进行物理降温→检查呼吸、体温→给中暑者外用、内服解暑药物→若中暑者呼吸心跳停止,宜实施心肺复苏→必要时送至医院救治

注意事项

在紧急救援期间,施工现场应停止施工作业,排查清楚事故原因,并采取相应防范措施后才可施工

现场处置流程

关闭机械设备→人员疏散→联系班组长、现场管理人员→设置警戒→医疗救护

应急上报联系方式

1. 班组长: 电话:

2. 应急联系人: 电话:

放样工岗位应急处置卡示例 表 14-39

放样工岗位应急处置卡	
事故类型	应急处置措施
出血	1. 出血较少:清洗消毒、包扎止血。 2. 出现较大伤口或出血较多:清洗消毒、包扎止血→送至医院救治
骨折	不盲目搬动伤者,等待医护人员进行搬运;有伤口出血的,对受伤部位进行消毒止血→送至医院救治
刺伤或扎伤	取出异物(若被较大的锐物刺伤,不可现场拔出刺入异物)→清洗消毒、包扎止血→若出血不止或无法取出异物,送至医院救治
休克	遇呼吸、心跳停止者,进行人工呼吸,胸外心脏按压→伤员保暖、平卧、少动,下肢抬高约 20 度→送至医院救治
淹溺	立即用竹竿或救生圈等将溺水者救上岸→清除溺水者口、鼻中的异物,进行控水(倒水),使胃内积水倒出;松解溺水者衣物,并注意保暖,必要时将溺水者舌头用毛巾、纱布包裹拉出,保持其呼吸道畅通→送至医院救治
中暑	迅速将中暑者抬至阴凉通风处→对中暑者进行物理降温→检查中暑者呼吸、体温→给中暑者外用、内服解暑药物→若中暑者呼吸心跳停止,宜实施心肺复苏→必要时送至医院救治

注意事项

在紧急救援期间,施工现场应停止施工作业,排查清楚事故原因,并采取相应防范措施后才可施工

现场处置流程

关闭机械设备→人员疏散→联系班组长、现场管理人员→设置警戒→医疗救护

应急上报联系方式

1. 班组长: 电话:

2. 应急联系人: 电话:

履带起重机操作工岗位应急处置卡示例 表 14-40

履带起重机操作工岗位应急处置卡	
事故类型	应急处置措施
出血	1. 出血较少:清洗消毒、包扎止血。 2. 出现较大伤口或出血较多:清洗消毒、包扎止血→送至医院救治
骨折	不盲目搬动伤者,等待医护人员进行搬运;有伤口出血的,对受伤部位进行消毒止血→送至医院救治
刺伤或扎伤	取出异物(若被较大的锐物刺伤,不可现场拔出刺入异物)→清洗消毒、包扎止血→若出血不止或无法取出异物,送至医院救治
休克	遇呼吸、心跳停止者,进行人工呼吸,胸外心脏按压→伤员保暖、平卧、少动,下肢抬高约20度→送至医院救治
中暑	迅速将中暑者抬至阴凉通风处→对中暑者进行物理降温→检查呼吸、体温→给中暑者外用、内服解暑药物→若中暑者呼吸心跳停止,宜实施心肺复苏→必要时送至医院救治

注意事项

在紧急救援期间,施工现场应停止施工作业,排查清楚事故原因,并采取相应防范措施后方可施工

现场处置流程

关闭机械设备→人员疏散→联系班组长、现场管理人员→设置警戒→医疗救护

应急上报联系方式

1. 班组长: 电话:

2. 应急联系人: 电话:

泥浆工岗位应急处置卡示例 表 14-41

泥浆工岗位应急处置卡	
事故类型	应急处置措施
出血	1. 出血较少:清洗消毒、包扎止血。 2. 出现较大伤口或出血较多:清洗消毒、包扎止血→送至医院救治
骨折	不盲目搬动伤者,等待医护人员进行搬运;有伤口出血的,对受伤部位进行消毒止血→送至医院救治
刺伤或扎伤	取出异物(若被较大的锐物刺伤,不可现场拔出刺入异物)→清洗消毒、包扎止血→若出血不止或无法取出异物,送至医院救治
休克	遇呼吸、心跳停止者,进行人工呼吸,胸外心脏按压→伤员保暖、平卧、少动,下肢抬高约20度→送至医院救治
淹溺	立即用竹竿或救生圈等将溺水者救上岸→清除溺水者口、鼻中的异物,进行控水(倒水),使胃内积水倒出;松解溺水者衣物,并注意保暖,必要时将溺水者舌头用毛巾、纱布包裹拉出,保持其呼吸道畅通→送至医院救治
中暑	迅速将中暑者抬至阴凉通风处→对中暑者进行物理降温→检查呼吸、体温→给中暑者外用、内服解暑药物→若中暑者呼吸心跳停止,宜实施心肺复苏→必要时送至医院救治

注意事项

在紧急救援期间,施工现场应停止施工作业,排查清楚事故原因,并采取相应防范措施后才可施工

现场处置流程

关闭机械设备→人员疏散→联系班组长、现场管理人员→设置警戒→医疗救护

应急上报联系方式

1. 班组长: 电话:

2. 应急联系人: 电话:

十字镐及铁锹工岗位应急处置卡示例 表 14-42

<table>
<tr><td colspan="2">十字镐及铁锹工岗位应急处置卡</td></tr>
<tr><td>事故类型</td><td>应急处置措施</td></tr>
<tr><td>出血</td><td>1. 出血较少:清洗消毒、包扎止血。
2. 出现较大伤口或出血较多:清洗消毒、包扎止血→送至医院救治</td></tr>
<tr><td>骨折</td><td>不盲目搬动伤者,等待医护人员进行搬运;有伤口出血的,对受伤部位进行消毒止血→送至医院救治</td></tr>
<tr><td>刺伤或扎伤</td><td>取出异物(若被较大的锐物刺伤,不可现场拔出刺入异物)→清洗消毒、包扎止血→若出血不止或无法取出异物,送至医院救治</td></tr>
<tr><td>休克</td><td>遇呼吸、心跳停止者,进行人工呼吸,胸外心脏按压→伤员保暖、平卧、少动,下肢抬高约 20 度→送至医院救治</td></tr>
<tr><td>中暑</td><td>迅速将中暑者抬至阴凉通风处→对中暑者进行物理降温→检查呼吸、体温→给中暑者外用、内服解暑药物→若中暑者呼吸心跳停止,宜实施心肺复苏→必要时送至医院救治</td></tr>
<tr><td colspan="2">注意事项
在紧急救援期间,施工现场应停止施工作业,排查清楚事故原因,并采取相应防范措施后才可施工</td></tr>
<tr><td colspan="2">现场处置流程
关闭机械设备→人员疏散→联系班组长、现场管理人员→设置警戒→医疗救护</td></tr>
<tr><td colspan="2">应急上报联系方式

1. 班组长: 电话:
2. 应急联系人: 电话:</td></tr>
</table>

叉车操作工应急处置卡示例 表 14-43

<table>
<tr><td colspan="2">叉车操作工应急处置卡</td></tr>
<tr><td>事故类型</td><td>应急处置措施</td></tr>
<tr><td>车辆伤害</td><td>发生车辆伤害→确认自身安全→设置危险警告标志→检查人员伤亡和车辆损坏情况→及时拨打急救抢险电话→及时抢救伤员</td></tr>
<tr><td>机械伤害</td><td>发生机械伤人事故→确认自身安全→快速将受伤人员转移到安全地带→及时拨打急救抢险电话→报告班组长或应急处置负责人→对受伤人员进行现场医疗急救</td></tr>
<tr><td>高处坠落</td><td>发生高处坠落事故→确认自身安全→发现人立即将现场情况报告现场管理人员→停止现场的生产活动→拨打抢险救援电话→迅速组织人员对伤者进行抢救</td></tr>
<tr><td colspan="2">注意事项
在紧急救援期间,施工现场应停止施工作业,疏散人员,设置警戒区域,及时拨打抢险救援电话并向上级单位报告,保护好施工现场,及时排查清楚事故原因</td></tr>
<tr><td colspan="2">现场处置流程
关闭机械设备→确认自身安全→人员疏散→联系班组长、现场管理人员→设置警戒→医疗救护</td></tr>
<tr><td colspan="2">应急上报联系方式

1. 班组长： 电话：
2. 应急联系人： 电话：</td></tr>
</table>

架桥机操作工应急处置卡示例　　表 14-44

<table>
<tr><td colspan="2">架桥机操作工应急处置卡</td></tr>
<tr><td>事故类型</td><td>应急处置措施</td></tr>
<tr><td>车辆伤害</td><td>发生车辆伤害→确认自身安全→设置危险警告标志→检查人员伤亡和车辆损坏情况→及时拨打急救抢险电话→及时抢救伤员</td></tr>
<tr><td>机械伤害</td><td>发生机械伤人事故→确认自身安全→快速将受伤人员转移到安全地带→及时拨打急救抢险电话→报告班组长或应急处置负责人→对受伤人员进行现场医疗急救</td></tr>
<tr><td>起重伤害</td><td>发生起重伤害事故→确认自身安全→停机、断电，迅速撤离所有作业人员→立即拨打急救抢险电话→报告班组长及应急处置负责人→及时抢救伤员</td></tr>
<tr><td>触电</td><td>发生人员触电→确认自身安全→立即切断电源→组织现场急救→拨打急救电话并报告班组长</td></tr>
<tr><td>高处坠落</td><td>发生高处坠落事故→确认自身安全→发现人立即将现场情况报告现场管理人员→停止现场的生产活动→拨打抢险救援电话→迅速组织人员对伤者进行抢救</td></tr>
<tr><td colspan="2">注意事项
在紧急救援期间，施工现场应停止施工作业，疏散人员，设置警戒区域，及时拨打抢险救援电话并向上级单位报告，保护好施工现场，及时排查清楚事故原因</td></tr>
<tr><td colspan="2">现场处置流程
关闭机械设备→确认自身安全→人员疏散→联系班组长、现场管理人员→设置警戒→医疗救护</td></tr>
<tr><td colspan="2">应急上报联系方式

1. 班组长：　　　　电话：
2. 应急联系人：　　　　电话：</td></tr>
</table>

自卸车驾驶员应急处置卡示例 表 14-45

<table>
<tr><td colspan="2">自卸车驾驶员应急处置卡</td></tr>
<tr><td>事故类型</td><td>应急处置措施</td></tr>
<tr><td>车辆伤害</td><td>发生车辆伤害→确认自身安全→设置危险警告标志→检查人员伤亡和车辆损坏情况→及时拨打急救抢险电话→及时抢救伤员</td></tr>
<tr><td>机械伤害</td><td>发生机械伤人事故→确认自身安全→快速将受伤人员转移到安全地带→及时拨打急救抢险电话→报告班组长或应急处置负责人→对受伤人员进行现场医疗急救</td></tr>
<tr><td colspan="2">注意事项
在紧急救援期间,施工现场应停止施工作业,疏散人员,设置警戒区域,及时拨打抢险救援电话并向上级单位报告,保护好施工现场,及时排查清楚事故原因</td></tr>
<tr><td colspan="2">现场处置流程
关闭机械设备→确认自身安全→人员疏散→联系班组长、现场管理人员→设置警戒→医疗救护</td></tr>
<tr><td colspan="2">应急上报联系方式

1. 班组长： 电话：
2. 应急联系人： 电话：</td></tr>
</table>

混凝土搅拌运输车驾驶员岗位应急处置卡示例 表14-46

混凝土搅拌运输车驾驶员岗位应急处置卡	
事故类型	应急处置措施
交通事故	1. 发生交通事故,立即停车,保护现场,开启闪光灯,在来车方向50~100米处设置警示标识。 2. 造成人员伤亡的,抢救伤员,拨打班组长、应急联系人和急救电话。 3. 无人员伤亡或财产损失轻微的,先撤离现场再进行协商
火灾	1. 发现火情,立即停车,开启闪光灯,用灭火器灭火。 2. 如火势太大,报告班组长、应急联系人,并拨打119,等待消防队员到来
机械伤害	1. 查看伤情,如轻微出血,进行简单止血包扎。 2. 当伤情严重时,拨打班组长、应急联系人和急救电话

注意事项

在实施救援的过程中,在保证自身安全的前提下,采取正确的事故处置措施,减少事故人员和财产损失

现场处置流程

现场发生安全事故→确认自身安全→现场设置警戒区域→报给相应管理工作人员→对人员进行施救→联系外部应急救援力量→配合医护人员转移伤员

应急上报联系方式

1. 班组长： 电话：
2. 应急联系人： 电话：

平地机操作工岗位应急处置卡示例 表 14-47

平地机操作工岗位应急处置卡

事故类型	应急处置措施
物体打击	发生打击伤害,立即停止作业,避开可能发生打击的方向,在保证自身安全的情况下抢救伤员,并报告班组长和应急联系人
车辆伤害	发生车辆碰撞、碾轧、刮擦、翻倒等情况,应立即报告班组长、应急救援联系人,设置安全警示范围,组织实施抢救伤员
机械伤害	停止作业和设备运转,在保证自身安全的前提下,根据伤情抢救伤员,并报告班组长和应急联系人

注意事项

1. 当伤者伤势严重时,不要轻易移动伤者。
2. 去除伤员身上的用具和口袋中的硬物,不要让伤者受到二次伤害。
3. 如果发现窒息者,应及时解除其呼吸道阻塞和呼吸机能障碍,并立即解开伤员衣领,清除伤员口鼻、咽喉中的异物

现场处置流程

现场发生安全事故→确认自身安全→现场设置警戒区域→报给相应管理工作人员→对人员进行施救→联系外部应急救援力量→配合医护人员转移伤员

应急上报联系方式

1. 班组长: 电话:
2. 应急联系人: 电话:

汽车起重机操作工应急处置卡示例　　表14-48

<table>
<tr><th colspan="2">汽车起重机操作工应急处置卡</th></tr>
<tr><td>事故类型</td><td>应急处置措施</td></tr>
<tr><td>车辆伤害</td><td>发生车辆伤害→确认自身安全→设置危险警告标志→检查人员伤亡和车辆损坏情况→及时拨打急救抢险电话→及时抢救伤员</td></tr>
<tr><td>机械伤害</td><td>发生机械伤人事故→确认自身安全→快速将受伤人员转移到安全地带→及时拨打急救抢险电话→报告班组长或应急处置负责人→对受伤人员进行现场医疗急救</td></tr>
<tr><td>起重伤害</td><td>发生起重伤害事故→确认自身安全→停机、断电,迅速撤离所有作业人员→立即拨打急救抢险电话→报告班组长及应急处置负责人→及时抢救伤员</td></tr>
<tr><td colspan="2">注意事项
在紧急救援期间,施工现场应停止施工作业,疏散人员,设置警戒区域,及时拨打抢险救援电话并向上级单位报告,保护好施工现场,及时排查清楚事故原因</td></tr>
<tr><td colspan="2">现场处置流程
关闭机械设备→确认自身安全→人员疏散→联系班组长、现场管理人员→设置警戒→医疗救护</td></tr>
<tr><td colspan="2">应急上报联系方式

1. 班组长:　　电话:
2. 应急联系人:　　电话:</td></tr>
</table>

桥式起重机操作工应急处置卡示例 表 14-49

桥式起重机操作工应急处置卡	
事故类型	应急处置措施
物体打击	发生物体打击事故→确认自身安全→告班组长或应急处置负责人→拨打抢险救援电话→组织人员抢救伤者,尽量原地施救→保护好事故现场
车辆伤害	发生车辆伤害→确认自身安全→设置危险警告标志→检查人员伤亡和车辆损坏情况→及时拨打急救抢险电话→及时抢救伤员
机械伤害	发生机械伤人事故→确认自身安全→快速将受伤人员转移到安全地带→及时拨打急救抢险电话→报告班组长或应急处置负责人→对受伤人员进行现场医疗急救
起重伤害	发生起重伤害事故→确认自身安全→停机、断电,迅速撤离所有作业人员→立即拨打急救抢险电话→报告班组长及应急处置负责人→及时抢救伤员
触电	发生人员触电→确认自身安全→立即切断电源→组织现场急救→拨打急救电话并报告班组长

注意事项

在紧急救援期间,施工现场应停止施工作业,疏散人员,设置警戒区域,及时拨打抢险救援电话并向上级单位报告,保护好施工现场,及时排查清楚事故原因

现场处置流程

关闭机械设备→确认自身安全→人员疏散→联系班组长、现场管理人员→设置警戒→医疗救护

应急上报联系方式

1. 班组长: 电话:

2. 应急联系人: 电话:

运梁车驾驶员应急处置卡示例 表 14-50

运梁车驾驶员应急处置卡	
事故类型	应急处置措施
车辆伤害	发生车辆伤害→设置危险警告标志→检查人员伤亡和车辆损坏情况→及时拨打急救抢险电话→及时抢救伤员
机械伤害	发生机械伤人事故→快速将受伤人员转移到安全地带→及时拨打急救抢险电话→报告班组长或应急处置负责人→对受伤人员进行现场医疗急救
高处坠落	发生高处坠落事故→发现人立即将现场情况报告现场管理人员→停止现场的生产活动→拨打抢险救援电话→迅速组织人员对伤者进行抢救

注意事项

在紧急救援期间,施工现场应停止施工作业,疏散人员,设置警戒区域,及时拨打抢险救援电话并向上级单位报告,保护好施工现场,及时排查清楚事故原因

现场处置流程

关闭机械设备→确认自身安全→人员疏散→联系班组长、现场管理人员→设置警戒→医疗救护

应急上报联系方式

1. 班组长： 电话：

2. 应急联系人： 电话：

挖掘机操作工岗位应急处置卡示例

表 14-51

挖掘机操作工岗位应急处置卡

事故类型	应急处置措施
物体打击	发生打击伤害,立即停止作业,避开可能发生打击的方向,在保证自身安全的情况下抢救伤员,并报告班组长和应急联系人
车辆伤害	发生车辆碰撞、碾轧、刮擦、翻倒等情况,应立即报告班组长,设置安全警示区域,组织实施抢救伤员
机械伤害	停止作业和设备运转,在保证自身安全的前提下,根据伤情抢救伤员,并报告班组长和应急联系人

注意事项

1. 当伤者伤势严重时,不要轻易移动伤者。
2. 去除伤者身上的用具和口袋中的硬物,不要让伤者受到二次伤害。
3. 如果发现窒息者,应及时解除其呼吸道阻塞和呼吸机能障碍,应立即解开伤员衣领,清除伤员口鼻、咽喉中的异物

现场处置流程

现场发生安全事故→确认自身安全→现场设置警戒区域→报给相应管理工作人员→对人员进行施救→联系外部应急救援力量→配合医护人员转移伤员

应急上报联系方式

1. 班组长: 电话:
2. 应急联系人: 电话:

装载机操作工岗位应急处置卡示例 表 14-52

<table>
<tr><td colspan="2">装载机操作工岗位应急处置卡</td></tr>
<tr><td>事故类型</td><td>应急处置措施</td></tr>
<tr><td>物体打击</td><td>发生打击伤害,立即停止作业,避开可能发生打击的方向,在保证自身安全的情况下抢救伤员,并报告班组长和应急联系人</td></tr>
<tr><td>车辆伤害</td><td>发生车辆碰撞、碾轧、刮擦、翻倒等情况,应立即报告班组长、应急救援联系人,设置安全警示范围,组织实施抢救伤员</td></tr>
<tr><td>机械伤害</td><td>停止作业和设备运转,在保证自身安全的前提下,根据伤情抢救伤员,并报告班组长和应急联系人</td></tr>
<tr><td colspan="2">注意事项
1. 当伤者伤势严重时,不要轻易移动伤者。
2. 去除伤员身上的用具和口袋中的硬物,不要让伤者受到二次伤害。
3. 如果发现窒息者,应及时解除其呼吸道阻塞和呼吸机能障碍,应立即解开伤员衣领,清除伤员口鼻、咽喉中的异物</td></tr>
<tr><td colspan="2">现场处置流程
现场发生安全事故→确认自身安全→现场设置警戒区域→报给相应管理工作人员→对人员进行施救→联系外部应急救援力量→配合医护人员转移伤员</td></tr>
<tr><td colspan="2">应急上报联系方式

1. 班组长: 电话:
2. 应急联系人: 电话:</td></tr>
</table>

推土机操作工岗位应急处置卡示例 表 14-53

<table>
<tr><td colspan="2">推土机操作工岗位应急处置卡</td></tr>
<tr><td>事故类型</td><td>应急处置措施</td></tr>
<tr><td>物体打击</td><td>发生打击伤害,立即停止作业,避开可能发生打击的方向,在保证自身安全的情况下抢救伤员,并报告班组长和应急联系人</td></tr>
<tr><td>车辆伤害</td><td>发生车辆碰撞、碾轧、刮擦、翻倒等情况,应立即报告班组长、应急救援联系人,设置安全警示范围,组织实施抢救伤员</td></tr>
<tr><td>机械伤害</td><td>停止作业和设备运转,在保证自身安全的前提下,根据伤情抢救伤员,并报告班组长和应急联系人</td></tr>
<tr><td colspan="2">注意事项
1. 当伤者伤势严重时,不要轻易移动伤者。
2. 去除伤员身上的用具和口袋中的硬物,不要让伤者受到二次伤害。
3. 如果发现窒息者,应及时解除其呼吸道阻塞和呼吸机能障碍,应立即解开伤员衣领,清除伤员口鼻、咽喉中的异物</td></tr>
<tr><td colspan="2">现场处置流程
现场发生安全事故→确认自身安全→现场设置警戒区域→报给相应管理工作人员→对人员进行施救→联系外部应急救援力量→配合医护人员转移伤员</td></tr>
<tr><td colspan="2">应急上报联系方式

1. 班组长: 电话:
2. 应急联系人: 电话:</td></tr>
</table>

压路机操作工岗位应急处置卡示例　　表 14-54

<table>
<tr><td colspan="2">压路机操作工岗位应急处置卡</td></tr>
<tr><td>事故类型</td><td>应急处置措施</td></tr>
<tr><td>物体打击</td><td>发生打击伤害，立即停止作业，避开可能发生打击的方向，在保证自身安全的情况下抢救伤员，并报告班组长和应急联系人</td></tr>
<tr><td>车辆伤害</td><td>发生车辆碰撞、碾轧、刮擦、翻倒等情况，应立即报告班组长、应急救援联系人，设置安全警示范围，组织实施抢救伤员</td></tr>
<tr><td>机械伤害</td><td>停止作业和设备运转，在保证自身安全的前提下，根据伤情抢救伤员，并报告班组长和应急联系人</td></tr>
<tr><td colspan="2">注意事项
1. 当伤者伤势严重时，不要轻易移动伤者。
2. 去除伤员身上的用具和口袋中的硬物，不要让伤者受到二次伤害。
3. 如果发现窒息者，应及时解除呼吸道阻塞和呼吸机能障碍，应立即解开伤员衣领，清除伤员口鼻、咽喉中的异物</td></tr>
<tr><td colspan="2">现场处置流程
现场发生安全事故→确认自身安全→现场设置警戒区域→报给相应管理工作人员→对人员进行施救→联系外部应急救援力量→配合医护人员转移伤员</td></tr>
<tr><td colspan="2">应急上报联系方式

1. 班组长：　　　　电话：
2. 应急联系人：　　　　电话：</td></tr>
</table>

摊铺机操作工岗位应急处置卡示例 表14-55

摊铺机操作工岗位应急处置卡	
事故类型	应急处置措施
物体打击	发生打击伤害,立即停止作业,避开可能发生打击的方向,在保证自身安全的情况下抢救伤员,并报告班组长和应急联系人
车辆伤害	发生车辆碰撞、碾轧、刮擦、翻倒等情况,应立即报告班组长、应急救援联系人,设置安全警示范围,组织实施抢救伤员
机械伤害	停止作业和设备运转,在保证自身安全的前提下,根据伤情抢救伤员,并报告班组长和应急联系人
灼烫伤	灼烫伤情况严重的,立即通知班组长、应急救援联系人,并对受伤者进行急救

注意事项

1. 当伤者伤势严重时,不要轻易移动伤者。
2. 去除伤员身上的用具和口袋中的硬物,不要让伤者受到二次伤害。
3. 如果发现窒息者,应及时解除其呼吸道阻塞和呼吸机能障碍,应立即解开伤员衣领,清除伤员口鼻、咽喉中的异物

现场处置流程

现场发生安全事故→确认自身安全→现场设置警戒区域→报给相应管理工作人员→对人员进行施救→联系外部应急救援力量→配合医护人员转移伤员

应急上报联系方式

1. 班组长： 电话：
2. 应急联系人： 电话：

14.6 施工设施及设备应急处置卡示例

各施工设施及设备应急处置卡示例见表 14-56 ~ 表 14-62。

架桥机事故应急处置卡示例 表 14-56

<table>
<tr><td colspan="2">架桥机事故应急处置卡</td></tr>
<tr><td>事故类型</td><td>应急处置措施</td></tr>
<tr><td>脱轨</td><td>发生架桥机脱轨事故→确认自身安全→检查人员伤亡→远离事故场所→设置危险警告标志→及时拨打急救抢险电话→及时抢救伤员→联系设备厂商进行处理</td></tr>
<tr><td>倾覆</td><td>发生架桥机倾覆事故→确认自身安全→快速将受伤人员转移到安全地带→及时拨打急救抢险电话→设置危险警告标志→报告班组长或应急处置负责人→对受伤人员进行现场医疗急救→联系设备厂商进行处理</td></tr>
<tr><td colspan="2">注意事项
在紧急救援期间,施工现场应停止施工作业,疏散人员,设置警戒区域,及时拨打抢险救援电话并向上级单位报告,保护好施工现场,及时排查清楚事故原因</td></tr>
<tr><td colspan="2">现场处置流程
现场发生安全事故→确认自身安全→现场设置警戒区域→报给相关管理人员→对人员进行施救→联系外部应急救援力量→配合医护人员转移伤员</td></tr>
<tr><td colspan="2">应急上报联系方式

1. 班组长: 电话:
2. 应急联系人: 电话:</td></tr>
</table>

叉车事故应急处置卡示例　　　　表 14-57

<table>
<tr><td colspan="2">叉车事故应急处置卡</td></tr>
<tr><td>事故类型</td><td>应急处置措施</td></tr>
<tr><td>叉车倾覆</td><td>发生叉车倾覆事故→确认自身安全→设置危险警告标志→检查人员伤亡→及时拨打急救抢险电话→及时抢救伤员</td></tr>
<tr><td>货物掉落</td><td>发生叉车货物掉落事故→确认自身安全→检查是否有人员伤亡→快速将受伤人员转移到安全地带→及时拨打急救抢险电话→设置危险警告标志→报告班组长或应急处置负责人→对受伤人员进行现场医疗急救</td></tr>
<tr><td>危险驾驶</td><td>发生叉车驾驶伤人事故→确认自身安全→确保受伤人员处于安全地带,避免二次伤害→及时拨打急救抢险电话→设置危险警告标志→报告班组长或应急处置负责人→对受伤人员进行现场医疗急救</td></tr>
<tr><td colspan="2">注意事项
在紧急救援期间,施工现场应停止施工作业,疏散人员,设置警戒区域,及时拨打抢险救援电话并向上级单位报告,保护好施工现场,及时排查清楚事故原因</td></tr>
<tr><td colspan="2">现场处置流程
发生事故→确认自身安全→现场设置警戒区域→上报相应管理人员→对人员设备进行施救→联系外部应急救援力量→配合医护人员转移伤员</td></tr>
<tr><td colspan="2">应急上报联系方式

1. 班组长:　　　　　　　　电话:
2. 应急联系人:　　　　　　电话:</td></tr>
</table>

门式起重机事故应急处置卡示例 表 14-58

<table>
<tr><td colspan="2">门式起重机事故应急处置卡</td></tr>
<tr><td>事故类型</td><td>应急处置措施</td></tr>
<tr><td>脱轨</td><td>发生门式起重机脱轨事故→确认自身安全→检查人员伤亡→远离事故场所→设置危险警告标志→及时拨打急救抢险电话→及时抢救伤员→联系设备厂商进行处理</td></tr>
<tr><td>倾覆</td><td>发生门式起重机倾覆事故→确认自身安全→检查人员伤亡→快速将受伤人员转移到安全地带→及时拨打急救抢险电话→设置危险警告标志→报告班组长或应急处置负责人→对受伤人员进行现场医疗急救→联系设备厂商进行处理</td></tr>
<tr><td>结构物、货物坠落</td><td>发生物体坠落打击事故→确认自身安全→检查人员伤亡→报告班组长或应急处置负责人→拨打抢险救援电话→组织人员抢救伤者，尽量原地施救→保护好事故现场</td></tr>
<tr><td colspan="2">注意事项
在紧急救援期间，施工现场应停止施工作业，疏散人员，设置警戒区域，及时拨打抢险救援电话并向上级单位报告，保护好施工现场，及时排查清楚事故原因</td></tr>
<tr><td colspan="2">现场处置流程
发生事故→确认自身安全→现场设置警戒区域→上报相应管理人员→对人员设备进行施救→联系外部应急救援力量→配合医护人员转移伤员</td></tr>
<tr><td colspan="2">应急上报联系方式

1. 班组长： 电话：
2. 应急联系人： 电话：</td></tr>
</table>

拌和站事故应急处置卡示例　　表 14-59

<table>
<tr><td colspan="2">拌和站事故应急处置卡</td></tr>
<tr><td>事故类型</td><td>应急处置措施</td></tr>
<tr><td>水泥罐倾覆</td><td>发生水泥罐倾覆事故→确认自身安全→检查人员伤亡→远离事故场所→设置危险警告标志→及时拨打急救抢险电话→及时抢救伤员</td></tr>
<tr><td>罐车伤人事故</td><td>发生罐车伤人事故→确认自身安全→确保受伤人员处于安全地带→及时拨打急救抢险电话→设置危险警告标志→报告班组长或应急处置负责人→对受伤人员进行现场医疗急救</td></tr>
<tr><td>粉尘泄漏</td><td>发生粉尘泄漏事故→确认自身安全→及时撤离现场→设置危险警告标志→报告班组长或应急处置负责人→采取有效措施控制危害物质对周围环境的排放和污染→及时查明泄漏原因,清理工作现场,使现场的有害物质浓度尽快降到国家规定的标准以内</td></tr>
<tr><td>污水泄漏</td><td>发生污水泄漏事故→报告班组长或应急处置负责人→采取有效措施控制危害物质对周围环境的排放和污染→及时查明泄漏原因,清理工作现场,使有害物质浓度尽快降到国家规定的标准以内</td></tr>
<tr><td colspan="2">注意事项
在紧急救援期间,施工现场应停止施工作业,疏散人员,设置警戒区域,及时拨打抢险救援电话并向上级单位报告,保护好施工现场,及时排查清楚事故原因</td></tr>
<tr><td colspan="2">现场处置流程
发生事故→确认自身安全→现场设置警戒区域→上报相应管理人员→对人员设备进行施救→联系外部应急救援力量→配合医护人员转移伤员</td></tr>
<tr><td colspan="2">应急上报联系方式

1. 班组长:　　　　电话:
2. 应急联系人:　　　　电话:</td></tr>
</table>

履带起重机应急处置卡示例 表 14-60

<table>
<tr><td colspan="2">履带起重机应急处置卡</td></tr>
<tr><td>事故类型</td><td>应急处置措施</td></tr>
<tr><td>机械伤害</td><td>关闭机械设备→迅速小心使伤员脱离伤源，必要时拆除机器，移出受伤的肢体（如出现骨折现象，不盲目搬动伤者，等待医护人员进行搬运，有伤口出血的对受伤部位进行消毒止血）→根据受伤轻重，及时把伤员送往医院治疗</td></tr>
<tr><td>起重伤害</td><td>关闭机械设备→在条件允许情况下，将伤员带至安全区域，如出现骨折现象，不盲目搬动伤者，等待医护人员进行搬运，有伤口出血的对受伤部位进行消毒止血→协助医护人员进行救治→送至医院救治</td></tr>
<tr><td>高处坠落</td><td>查验伤员是否清醒→在条件允许情况下，将伤员带至安全区域（若伤员已不能动或不清醒，切不可乱抬，更不能将其背起来）→协助医护人员进行救治→送至医院救治</td></tr>
<tr><td>物体打击</td><td>关闭机械设备→在条件允许情况下，将伤员带至安全区域（如出现骨折现象，不盲目搬动伤者，等待医护人员进行搬运）→协助医护人员进行救治→送至医院救治</td></tr>
<tr><td colspan="2">注意事项
在紧急救援期间，施工现场应停止施工作业，排查清楚事故原因，并采取相应防范措施后才可施工</td></tr>
<tr><td colspan="2">现场处置流程
确认自身安全→关闭机械设备→人员疏散→联系班组长、现场管理人员→设置警戒→医疗救护</td></tr>
<tr><td colspan="2">应急上报联系方式

1. 班组长： 电话：
2. 应急联系人： 电话：</td></tr>
</table>

汽车起重机应急处置卡示例 表 14-61

<table>
<tr><td colspan="2">汽车起重机应急处置卡</td></tr>
<tr><td>事故类型</td><td>应急处置措施</td></tr>
<tr><td>机械伤害</td><td>关闭机械设备→迅速小心使伤员脱离伤源，必要时拆除机器，移出受伤的肢体（如出现骨折现象，不可盲目搬动伤者，等待医护人员进行搬运，有伤口出血的对受伤部位进行消毒止血）→根据受伤轻重，及时把伤员送往医院治疗</td></tr>
<tr><td>起重伤害</td><td>关闭机械设备→在条件允许情况下，将伤员带至安全区域，如出现骨折现象，不盲目搬动伤者，等待医护人员进行搬运，有伤口出血的对受伤部位进行消毒止血→协助医护人员进行救治→送至医院救治</td></tr>
<tr><td>高处坠落</td><td>查验伤员是否清醒→在条件允许情况下，将伤员带至安全区域（若伤员已不能动或不清醒，切不可乱抬，更不能将其背起来）→协助医护人员进行救治→送至医院救治</td></tr>
<tr><td>淹溺</td><td>立即用竹竿或救生圈等将溺水者救上岸→清除溺水者口、鼻的异物，进行控水（倒水），使胃内积水倒出，松解溺水者衣物，并注意保暖，必要时将溺水者舌头用毛巾、纱布包裹拉出，保持其呼吸道畅通→送至医院救治</td></tr>
<tr><td>车辆伤害</td><td>不要轻易移动受伤者，保持其呼吸道通畅→有出血时，消毒包扎→如出现骨折现象，不盲目搬动伤者，等待医护人员进行搬运→必要时送至医院救治</td></tr>
<tr><td colspan="2">注意事项
在紧急救援期间，施工现场应停止施工作业，排查清楚事故原因，并采取相应防范措施后才可施工</td></tr>
<tr><td colspan="2">现场处置流程
确认自身安全→关闭机械设备→人员疏散→联系班组长、现场管理人员→设置警戒→医疗救护</td></tr>
<tr><td colspan="2">应急上报联系方式

1. 班组长： 电话：
2. 应急联系人： 电话：</td></tr>
</table>

旋挖钻机应急处置卡示例 表 14-62

旋挖钻机应急处置卡	
事故类型	应急处置措施
机械伤害	关闭机械设备→迅速小心使伤员脱离伤源,必要时拆除机器,移出受伤的肢体(如出现骨折现象,不盲目搬动伤者,等待医护人员进行搬运,有伤口出血的对受伤部位进行消毒止血)→根据受伤轻重,及时把伤员送往医院治疗
刺伤或扎伤	取出异物(若被较大的锐物刺伤,不可现场拔出刺入异物)→清洗消毒、包扎止血→若出血不止或无法取出异物,送至医院救治
高处坠落	查验伤员是否清醒→在条件允许情况下,将伤员带至安全区域(若伤员已不能动或不清醒,切不可乱抬,更不能将其背起来)→协助医护人员进行救治→送至医院救治
淹溺	立即用竹竿或救生圈等将溺水者救上岸→清除溺水者口、鼻的异物,进行控水(倒水),使胃内积水倒出,松解溺水者衣物,并注意保暖,必要时将溺水者舌头用毛巾、纱布包裹拉出,保持其呼吸道畅通→送至医院救治
休克	遇呼吸、心跳停止者,进行人工呼吸,胸外心脏按压→伤员保暖、平卧、少动,下肢抬高约20度→送至医院救治

注意事项

在紧急救援期间,施工现场应停止施工作业,排查清楚事故原因,并采取相应防范措施后才可施工

现场处置流程

确认自身安全→关闭机械设备→人员疏散→联系班组长、现场管理人员→设置警戒→医疗救护

应急上报联系方式

1. 班组长: 电话:

2. 应急联系人: 电话:

15 施工班组现场三十六个常见工种安全应知应会漫画

15.1 杂　　工

杂工安全漫画图解见表15-1。

杂工安全漫画图解　　　　表15-1

杂工安全漫画

应知应会口诀
禁烟禁酒禁带病，特种作业不要碰； 夜间作业要照明，不明区域不盲入； 临边洞口须警惕，高空作业不抛物

15.2 钢 筋 工

钢筋工安全漫画图解见表15-2。

钢筋工安全漫画图解 表15-2

钢筋工安全漫画

应知应会口诀
吊运钢筋要扎牢，物料码放要稳当； 工作平台要稳固，钢筋骨架不攀登； 拉筋沿线禁行人，盘圆卡牢防回弹

15.3　砌　筑　工

砌筑工安全漫画图解见表15-3。

砌筑工安全漫画图解　　表15-3

砌筑工安全漫画

应知应会口诀
架体搭设不规范，高处作业不能干； 作业平台不超载，砌筑材料码整齐； 上下交叉不作业，高空抛物要不得

15.4 防 水 工

防水工安全漫画图解见表15-4。

防水工安全漫画图解 表15-4

防水工安全漫画

应知应会口诀
动火作业要审批,监护人员要到位; 易燃物料及时清,灭火器材要配齐; 有限空间先通风,检测合格再作业

15.5 抹 灰 工

抹灰工安全漫画图解见表 15-5。

抹灰工安全漫画图解 表 15-5

抹灰工安全漫画
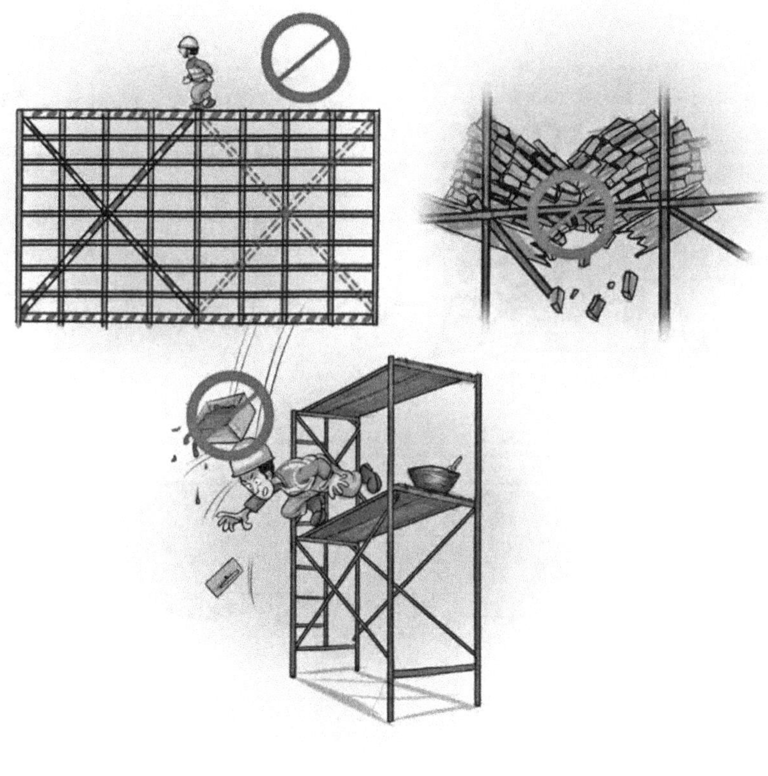
应知应会口诀
架体搭设不规范，高处作业不能干； 吊篮作业不超员，作业平台不超载； 上下交叉不作业，特殊部位要防护

15.6 混凝土工

混凝土工安全漫画图解见表 15-6。

混凝土工安全漫画图解 表 15-6

混凝土工安全漫画

应知应会口诀
登高系好安全带,临边洞口需警惕; 振捣设备常检查,强拉泵管要禁止; 管口清洗不站人,布料设备固定牢

15.7 木　　工

木工安全漫画图解见表15-7。

木工安全漫画图解 表15-7

木工安全漫画

应知应会口诀
电锯防护要齐全,切割材料脱手套; 现场须配灭火器,远离火源保平安; 刨花锯末及时清,木料堆稳防倾倒

15.8 架　子　工

架子工安全漫画图解见表 15-8。

架子工安全漫画图解　　表 15-8

架子工安全漫画

应知应会口诀
特种作业必持证，登高系好安全带； 作业穿好防滑鞋，按序搭拆不交叉； 钢管扣件不散放，拆除物料不乱扔

15.9 模 板 工

模板工安全漫画图解见表15-9。

模板工安全漫画图解 表15-9

<table>
<tr><td>模板工安全漫画</td></tr>
<tr><td></td></tr>
<tr><td>应知应会口诀</td></tr>
<tr><td>模板存放要稳固，异常天气不吊装；
入模调整要固定，正确站位防挤压；
野蛮拆模要不得，螺栓部件防掉落</td></tr>
</table>

15.10 打 桩 工

打桩工安全漫画图解见表15-10。

打桩工安全漫画图解 表15-10

打桩工安全漫画

应知应会口诀
仔细检查再作业，打桩区域设警示； 吊装避开驾驶室，桩孔防护要及时； 桩机检修要断电，六级风力禁作业

15.11 车 泵 工

车泵工安全漫画图解见表15-11。

车泵工安全漫画图解 表15-11

车泵工安全漫画
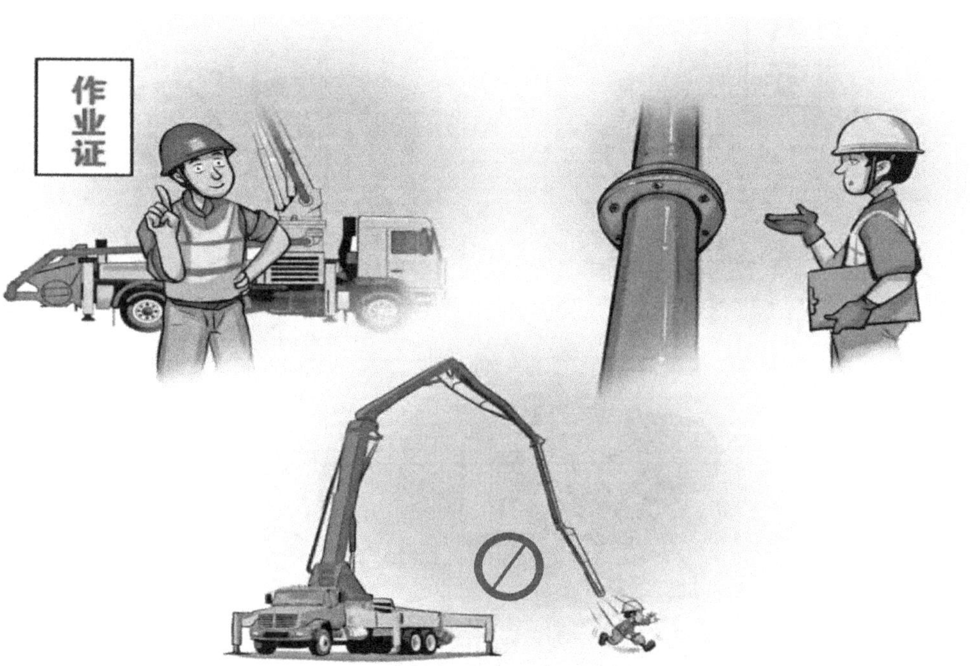
应知应会口诀
手续齐全再作业,泵车停放要稳当; 管线接头须牢固,操作站位防挤压; 设备检修要停机,管道清洗不冲人

15.12 电　　工

电工安全漫画图解见表15-12。

电工安全漫画图解　　　　表15-12

电工安全漫画

应知应会口诀
电工作业须持证，个人防护穿戴好； 试电操作不能少，异常断电查原因； 断电检修要挂牌，双人作业保平安

15.13 爆 破 工

爆破工安全漫画图解见表15-13。

爆破工安全漫画图解 表15-13

<table>
<tr><th>爆破工安全漫画</th></tr>
<tr><td>
</td></tr>
<tr><th>应知应会口诀</th></tr>
<tr><td>防护穿好防静电,装药之前设警戒;
爆炸材料轻拿放,装药禁用金属棒;
准备完毕发预警,起爆过后须检查</td></tr>
</table>

15.14 混凝土喷射工

混凝土喷射工安全漫画图解见表 15-14。

混凝土喷射工安全漫画图解　　表 15-14

混凝土喷射工安全漫画

应知应会口诀
机械平台全面查,高处作业防护好; 作业区域须隔离,喷嘴前方禁站人; 气管水管接严密,电线绝缘要良好

15.15 人工挖孔桩工

人工挖孔桩工安全漫画图解见表 15-15。

人工挖孔桩工安全漫画图解 表 15-15

人工挖孔桩工安全漫画
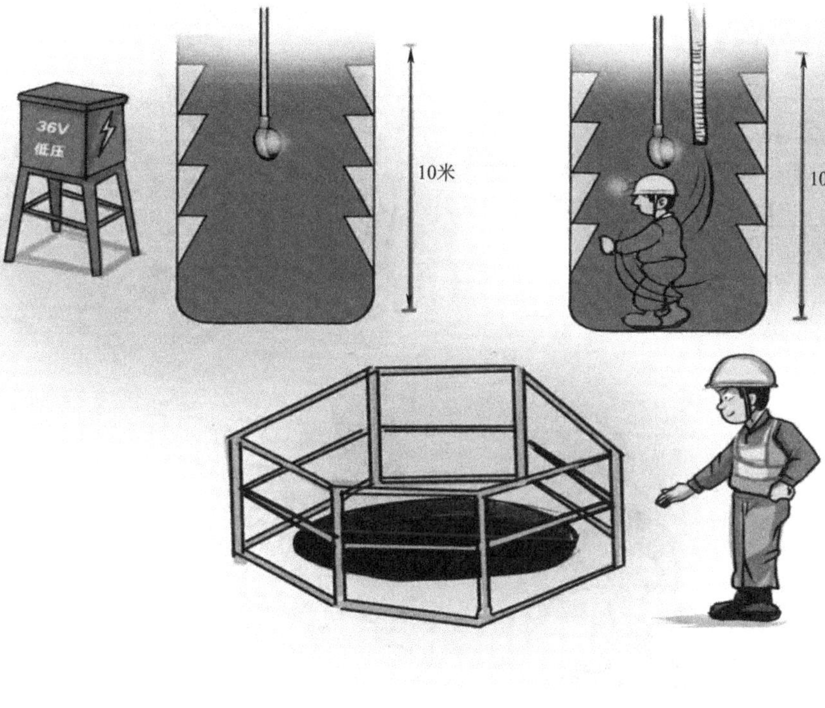
应知应会口诀
作业之前先检测，低压照明要保证； 孔深十米须通风，监护人员要到位； 洞口周边要防护，作业完成口盖好

15.16 电　焊　工

电焊工安全漫画图解见表15-16。

电焊工安全漫画图解　　　　表15-16

电焊工安全漫画

应知应会口诀
持证审批再作业，个人防护须穿戴； 易燃物料及时清，灭火器材配备齐； 接火看护要到位，完工检查无火种

15.17 气　割　工

气割工安全漫画图解见表 15-17。

气割工安全漫画图解　　表 15-17

气割工安全漫画
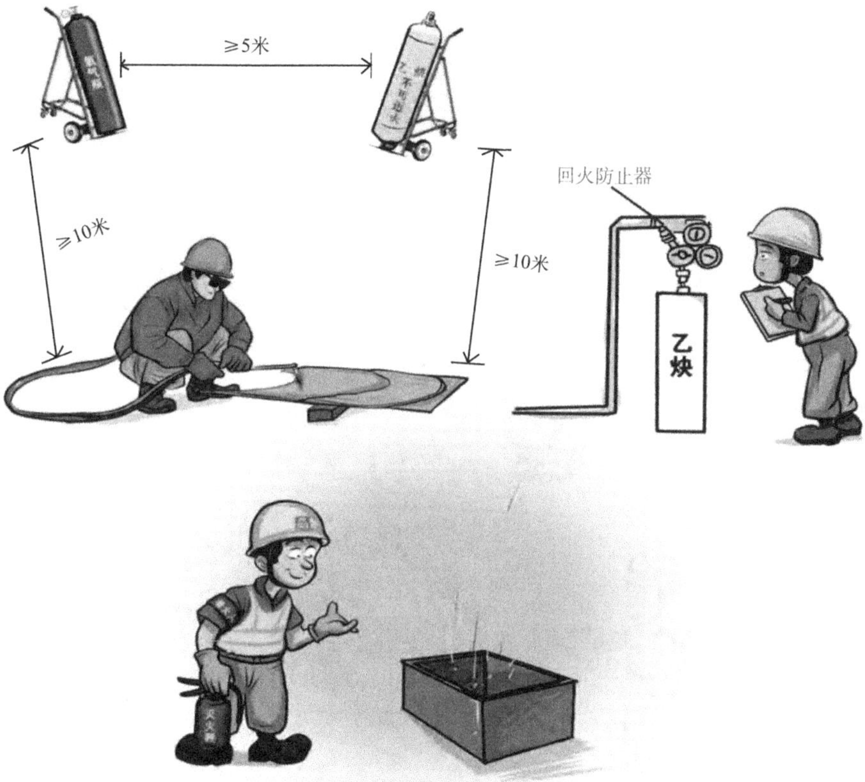
应知应会口诀
持证审批再作业，个人防护要穿好； 气瓶稳固分开放，减压回火装置齐； 接火看护要到位，熔渣处置要得当

15.18 安装起重工

安装起重工安全漫画图解见表 15-18。

安装起重工安全漫画图解 表 15-18

安装起重工安全漫画

应知应会口诀
吊前索具要检查,吊点设置要可靠; 吊装区域要警戒,专人看护不能少; 设备绑扎要牢固,短小散料装吊斗

15.19 司　索　工

司索工安全漫画图解见表15-19。

司索工安全漫画图解　　表15-19

<table>
<tr><td>司索工安全漫画</td></tr>
<tr><td></td></tr>
<tr><td>应知应会口诀</td></tr>
<tr><td>吊具索具勤检查，吊运物件牢绑扎；
长短材料分开码，零散物料吊斗装；
索具起落禁手扶，起钩落钩须避让</td></tr>
</table>

15.20 信　号　工

信号工安全漫画图解见表15-20。

信号工安全漫画图解　　表15-20

<table>
<tr><th>信号工安全漫画</th></tr>
<tr><td>

</td></tr>
<tr><th>应知应会口诀</th></tr>
<tr><td>上岗作业须持证，时刻牢记十不吊；
发出指令要清晰，合理协调保秩序；
起吊环境查仔细，站位安全不冒险</td></tr>
</table>

15.21 水电安装工

水电安装工安全漫画图解见表15-21。

水电安装工安全漫画图解 表15-21

水电安装工安全漫画

应知应会口诀
打眼剔槽护好眼，高空系好安全带； 带电作业严禁止，带线穿管防勾眼； 防护缺失不作业，安全设施莫乱拆

15.22 管 道 工

管道工安全漫画图解见表15-22。

管道工安全漫画图解 表15-22

管道工安全漫画

应知应会口诀
沟槽环境常检查,勿碰支撑防坍塌; 装运堆码要稳固,注意距离和高度; 工具管件放牢靠,检修管道关阀门

15.23 钢结构安装工

钢结构安装工安全漫画图解见表 15-23。

钢结构安装工安全漫画图解 表 15-23

钢结构安装工安全漫画

应知应会口诀
攀爬使用自锁器,高处双钩安全带; 零散材料要装袋,工具要套保险绳; 吊装区域要警戒,使用溜绳防碰撞

15.24 设备安装工

设备安装工安全漫画图解见表15-24。

设备安装工安全漫画图解 表15-24

设备安装工安全漫画

应知应会口诀
安装工具要牢固,吊运卡具勤检查; 高空系好安全带,打磨戴好护目镜; 安装组对防倾倒、装好安牢才下班

15.25 机械修理工

机械修理工安全漫画图解见表 15-25。

机械修理工安全漫画图解 表 15-25

机械修理工安全漫画

应知应会口诀
维修作业须停机，挂牌警示不可少； 个人防护要穿好，工具配件不乱放； 待修机械要固定，油品处置需谨慎

15.26 挖掘机操作工

挖掘机操作工安全漫画图解见表15-26。

挖掘机操作工安全漫画图解 表15-26

挖掘机操作工安全漫画

应知应会口诀
地下设施先查明，挖前须办动土证； 回转半径不站人，作业区域须警戒； 违章掏挖严禁止，开挖过程须监控

15.27 推土机(铲运机)操作工

推土机(铲运机)操作工安全漫画图解见表15-27。

推土机(铲运机)操作工安全漫画图解 表15-27

推土机(铲运机)操作工安全漫画

应知应会口诀
履带刀架不站人,作业区域须警戒; 遇到障碍先清除,前进后退先观察; 填沟陡坡要小心,禁止土刀出边缘

15.28 塔式起重机操作工

塔式起重机操作工安全漫画图解见表 15-28。

塔式起重机操作工安全漫画图解 表 15-28

塔式起重机操作工安全漫画

应知应会口诀
起重之前先检查，限位保险要有效； 群塔作业防碰撞，先看后转听指挥； 严格遵守十不吊，设备故障及时报

15.29 施工升降机操作工

施工升降机操作工安全漫画图解见表15-29。

施工升降机操作工安全漫画图解 表15-29

<table>
<tr><td>施工升降机操作工安全漫画</td></tr>
<tr><td>
</td></tr>
<tr><td>应知应会口诀</td></tr>
<tr><td>启动之前先检查，限位保险要有效；
超载超员禁启动，梯笼匀速不冲顶；
楼层门要及时锁，电梯停用要锁好</td></tr>
</table>

15.30 汽车起重机操作工

汽车起重机操作工安全漫画图解见表 15-30。

汽车起重机操作工安全漫画图解 表 15-30

<table>
<tr><td>汽车起重机操作工安全漫画</td></tr>
<tr><td>
</td></tr>
<tr><td>应知应会口诀</td></tr>
<tr><td>起重之前先检查，限位保险要有效；
支腿架设要稳固，吊装注意高压线；
信号指挥不能少，严格遵守十不吊</td></tr>
</table>

15.31 工程车驾驶员

工程车驾驶员安全漫画图解见表15-31。

工程车驾驶员安全漫画图解 表15-31

工程车驾驶员安全漫画

应知应会口诀
车辆状况勤检查，油路电路莫大意； 行车系好安全带，交通法规记在心； 无关人员不搭乘，注意路况不超速

15.32 架桥机操作工

架桥机操作工安全漫画图解见表 15-32。

架桥机操作工安全漫画图解　　表 15-32

架桥机操作工安全漫画

应知应会口诀
人员持证再上岗，高空系好安全带； 轨道平稳要可靠，运梁全线发警告； 吊装统一听指挥，调运途中禁检修

15.33 移动挂篮操作工

移动挂篮操作工安全漫画图解见表 15-33。

移动挂篮操作工安全漫画图解 表 15-33

移动挂篮操作工安全漫画

应知应会口诀
高处系好安全带，雷雨大风不作业； 挂篮安装须警戒，四周防护要到位； 挂篮移动听指挥，移动同步且对称

15.34 注　浆　工

注浆工安全漫画图解见表15-34。

注浆工安全漫画图解　　　　表15-34

注浆工安全漫画

应知应会口诀
防护眼镜要戴好，关注阀门压力表； 操作平台要稳固，遵章守纪不马虎； 故障维修要停机，压力卸载要彻底

15.35 门式起重机操作工

门式起重机操作工安全漫画图解见表15-35。

门式起重机操作工安全漫画图解　表15-35

<table>
<tr><td>门式起重机操作工安全漫画</td></tr>
<tr><td>
</td></tr>
<tr><td>应知应会口诀</td></tr>
<tr><td>上岗作业须持证，开车之前先检查；
操作严守十不吊，吊运物品发警报；
停车夹好夹轨器，操作手柄转零位</td></tr>
</table>

15.36 二衬台车操作工

二衬台车操作工安全漫画图解见表15-36。

二衬台车操作工安全漫画图解 表15-36

二衬台车操作工安全漫画

应知应会口诀
轨道铺设要平直，操作人员有经验； 台车行走应平缓，螺栓销子勤检查； 台车就位楔紧轮，浇筑作业查千斤

16 班组各主要工种施工现场安全注意事项

16.1 钢筋作业安全注意事项

(1)钢筋加工机械应由专人负责,其他人员不得擅自开动。

(2)钢筋加工时,在钢筋摆动范围内非操作人员不得随意穿行(图 16-1)。

图 16-1 非操作人员不得随意穿行

(3)在进行钢筋切断作业时,手与刀口应保持安全距离(图 16-2),不得剪切直径及强度超过机械铭牌规定的钢筋,不得同时切断多根钢筋。

图 16-2 保持安全距离

(4)钢筋机械运转中严禁清理设备上的杂物和铁屑,应待工作完毕后用工具进行清除,严禁用手擦抹或用嘴吹(图 16-3)。

图 16-3　设备清理操作

16.2 混凝土作业安全注意事项

(1)当混凝土泵运转时,不得取下料斗上的格网,严禁将手或铁锹伸入料斗(图 16-4)。

图 16-4　严禁将手伸入料斗

(2)布料机在使用前后必须要拉设缆风绳并固定牢固,防止倾倒,施工过程中严禁作业人员在臂架下方停留(图 16-5)。

图 16-5　施工中严禁作业人员在臂架下方停留

(3)在进行混凝土喷射作业时,喷嘴前方严禁站人,操作人员应始终站在已喷射过的混凝土支护面以内(图16-6)。

图16-6　喷嘴前方严禁站人

(4)当混凝土振捣作业中出现振捣棒漏电时,必须先将电源关闭、及时检修或更换振捣棒。

16.3 模板施工安全注意事项

(1)大模板在吊运前要认真检查吊绳和索具(图16-7),防止吊运过程中出现模板坠落。

图16-7　吊运前认真检查吊绳和索具

(2)在模板安装过程中,必须架设牢固的支撑、拉杆,支撑、拉杆不得与脚手架等不牢靠的临时物件相连接(图16-8)。

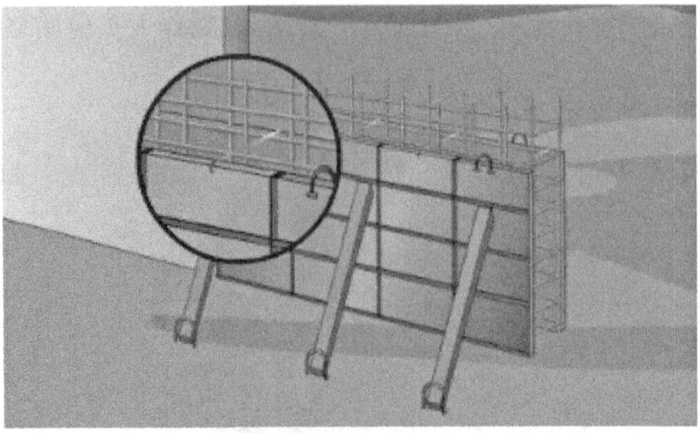

图 16-8　模板安装必须架设牢固的支撑、拉杆

(3)模板安装及混凝土浇筑过程中,应将所有大钢模拉结钢丝绳到位。

(4)模板拆除不得猛撬、硬砸或大面积撬落(图 16-9)。

图 16-9　模板拆除不得猛撬、硬砸或大面积撬落

(5)在传递模板和工具时,应用运输工具或绳子系牢后升降,不得乱扔,严禁从高处掷下。乱扔模板和工具的危害性如图 16-10 所示。

图 16-10　乱扔模板和工具的危害性

16.4 脚手架作业安全注意事项

(1)脚手架在搭设拆除时必须佩戴安全帽、系安全带、穿防滑鞋(图16-11)。

图16-11　戴安全帽、系安全带、穿防滑鞋

(2)在进行脚手架搭设和拆除作业时,应设置安全警戒线、警戒标志,严禁非作业人员入内。

(3)上下脚手架应走人行爬梯,严禁攀爬脚手架上下,严禁在脚手架上嬉闹。

(4)脚手板应绑扎牢固,严禁出现探头板(图16-12)。

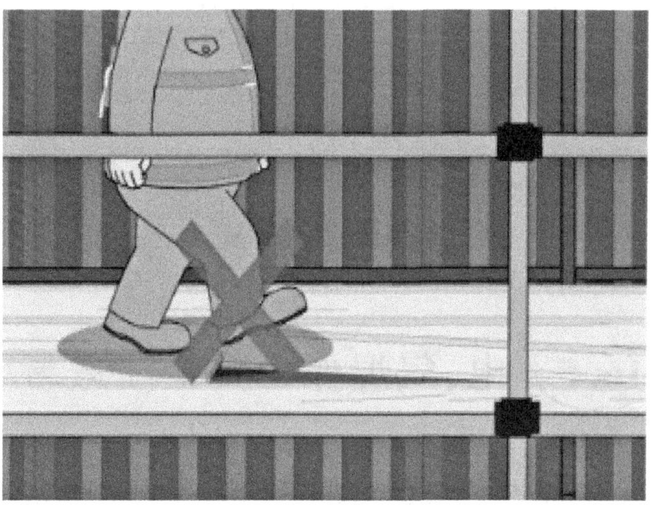

图16-12　严禁出现探头板

(5)脚手架作业层严禁堆放过多的材料(图 16-13),拆除的杆件、构配件应及时采用机械或人工运至地面,严禁抛掷。

图 16-13　作业层严禁堆放过多材料

(6)六级以上大风等恶劣天气条件下严禁搭设、拆除脚手架(图 16-14)。

图 16-14　恶劣天气严禁搭设、拆除脚手架

16.5　电、气焊作业安全注意事项

(1)施工现场电、气焊作业必须履行动火申请审批手续,施焊地点应设置看火人和灭火措施(图 16-15)。

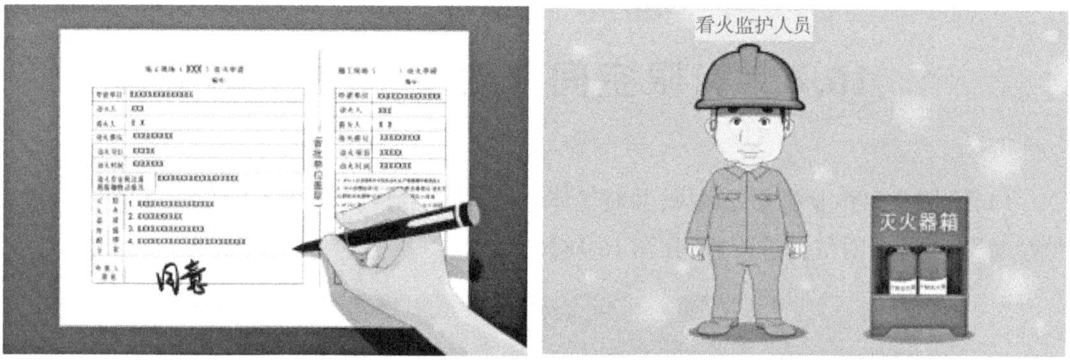

图 16-15　履行手续与设置看火人和灭火措施

(2)施焊现场周围 10 米范围应清理易燃、易爆物品或对其进行覆盖、隔离(图 16-16);高处焊割作业时下方必须采取防火措施并设专人监护。

图 16-16　施焊现场防火措施

(3)当进行气割作业时,氧气瓶、乙炔瓶工作间距不得少于 5 米,与明火距离不得少于 10 米(图 16-17)。作业结束后将气瓶阀门关好,并拧上安全罩。

图 16-17　气割作业注意事项

(4)雷雨天气严禁露天焊接作业,在潮湿地点作业时,应站在铺有绝缘物品的地方并穿绝缘鞋。

16.6 有限空间作业安全注意事项

(1)有限空间作业前应先通风,并对气体进行检测,合格后方可进入作业;作业过程中应持续通风,并定时对气体进行监测(图 16-18)。

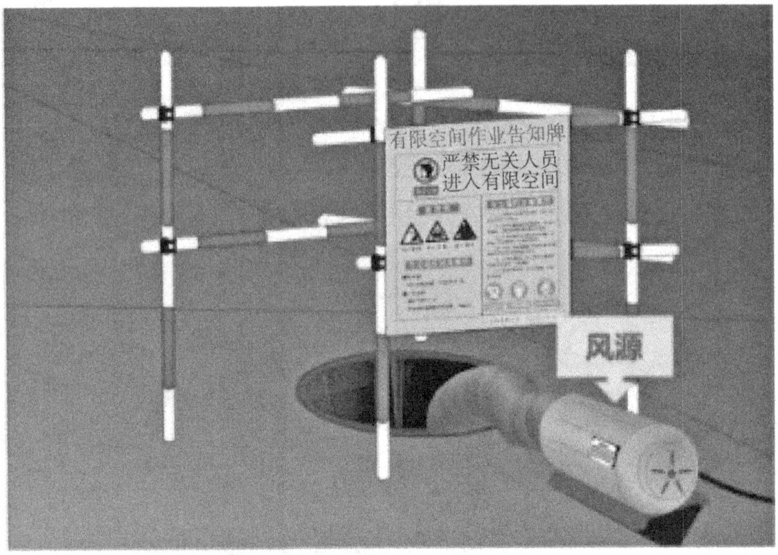

图 16-18　有限空间作业通风措施

(2)在进行有限空间作业时,在有限空间外应设有专人监护,并统一联系信号,随时保持与有限空间内作业人员的联络(图 16-19)。

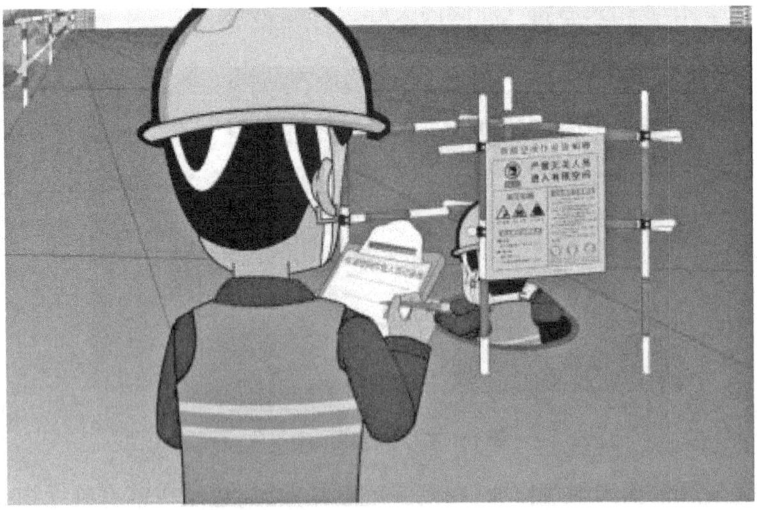

图 16-19　有限空间监护和联络措施

(3)有限空间作业应使用低压照明设备(图16-20)。

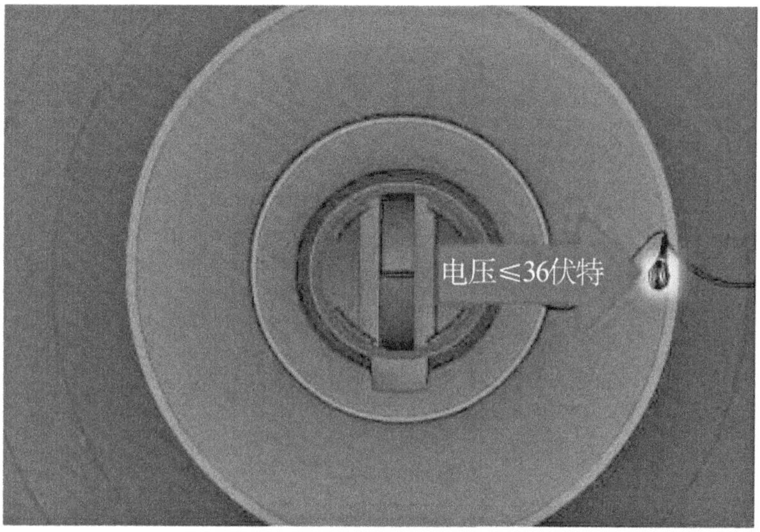

图16-20　有限空间作业照明措施

(4)当发现缺氧或检测仪器出现报警时,必须立即停止危险作业,作业点人员应迅速离开作业现场(图16-21)。

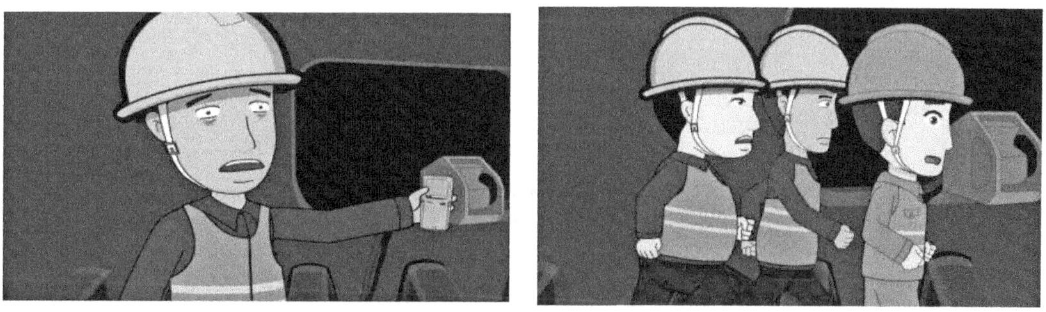

图16-21　遇到危险情况迅速撤离

17 班组自救互救技能

17.1 出血急救

(1)对于小创口出血,可用冷开水冲洗,再用干净毛巾或其他软质布料覆盖包扎。

(2)对于呈喷射状或有鲜红血液涌出的出血,用清洁手指压迫出血点上方(近心端),使血流中断。

(3)对于较大的肢体动脉出血,先用软布片或伤员的衣袖等数层垫在止血带下面,再扎紧止血带以恰好使肢端动脉搏动消失为宜,如图 17-1 所示。

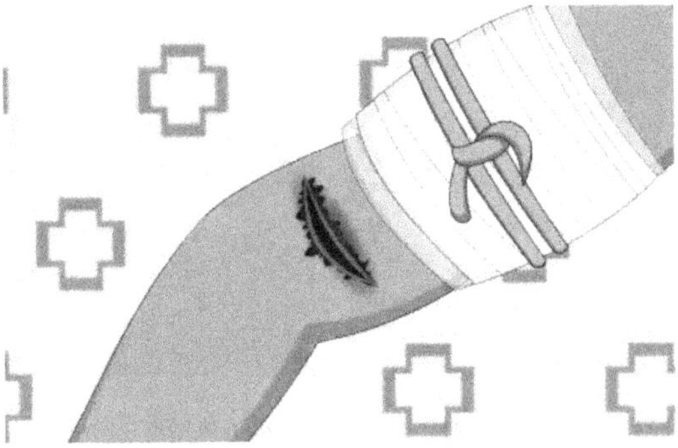

图 17-1 较大肢体动脉出血应对措施

(4)严禁用电线、铁丝、细绳等作为止血带使用;绑上止血带后,每隔 30 ~ 60 分钟放松一次,一次放松 3 ~ 5 分钟,直到无大量出血。

17.2 骨折急救

(1)肢体骨折可用夹板或木棍、竹竿等将断骨上下两个关节固定,固定时应避免骨折部位移动,如图 17-2 所示。

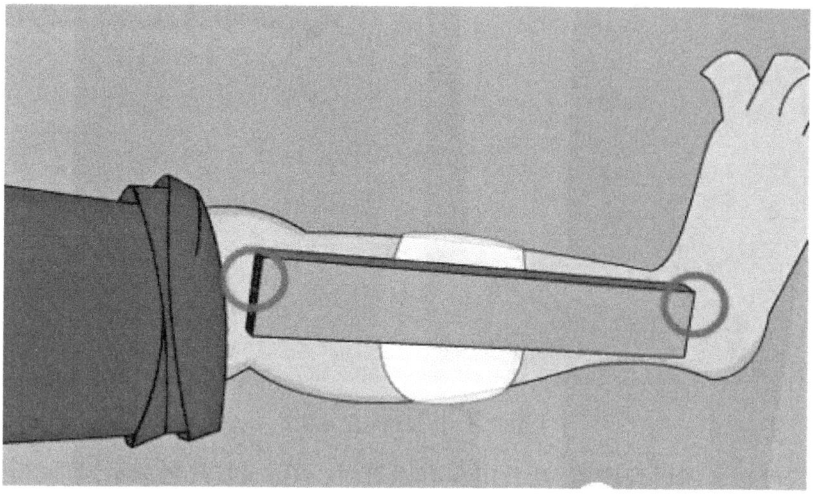

图 17-2 断骨固定措施

(2)开放性骨折伴有大出血者,要先止血,再固定,切勿将外露的断骨推回伤口内。

(3)疑有颈椎损伤,使伤员平躺后,用沙土袋放置头部两侧使伤员颈部固定不动,如图 17-3 所示。

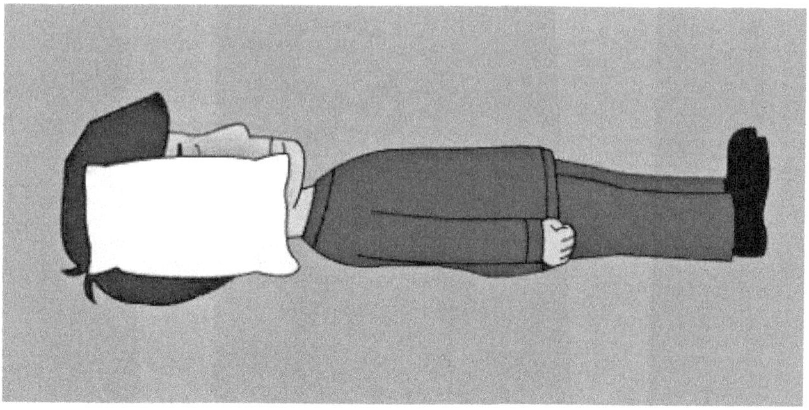

图 17-3 疑有颈骨损伤处置措施

(4)腰椎骨折时应将伤员平卧在硬木板上,并将伤员腰椎躯干及两侧下肢一同进行固定预防瘫痪。

(5)搬动伤员时应数人合作,保持平稳,不能扭曲。

17.3 触电急救

(1)发现有人触电应首先紧急呼救,然后切断电源开关,如图 17-4 所示。

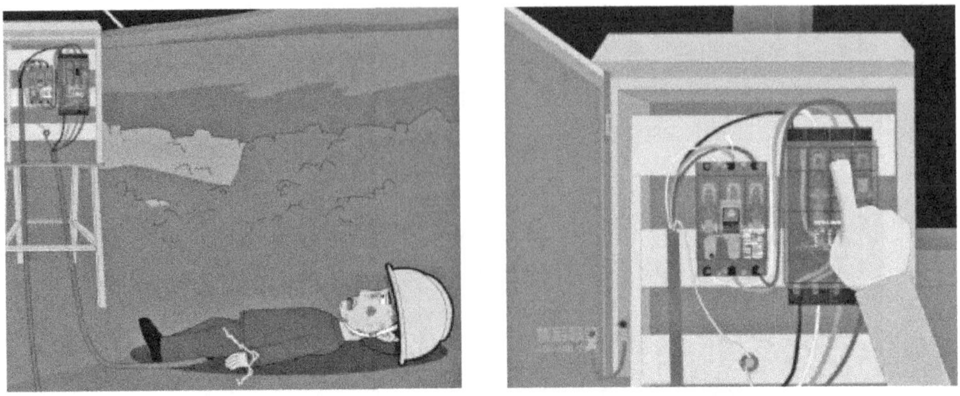

图 17-4　人员触电应对措施

(2)尽快使触电者脱离电源,断开电源有困难时,不得直接接触触电人员,可用干燥的木棍、竹竿等挑开触电者身上的电线或带电体。

(3)使触电者脱离电源后,用手指探查伤者是否有脉搏跳动,若感觉不到脉搏,须立即进行胸外心脏按压,如图 17-5 所示。

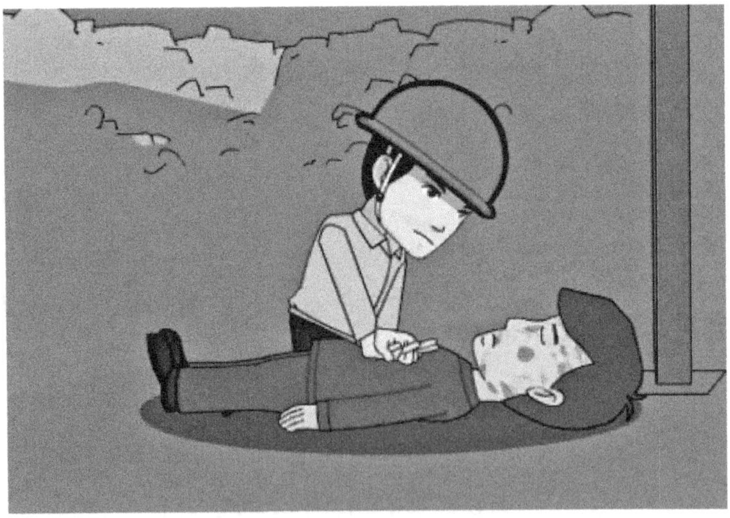

图 17-5　若无脉搏进行胸外心脏按压

(4)注视伤者胸部是否有起伏或用脸颊感觉是否有呼气。若呼吸停止,必须马上进行人工呼吸。

17.4 中暑急救

(1)搬移:将患者抬到通风、阴凉、干爽的地方,使其平卧并脱去衣服,如图 17-6 所示。

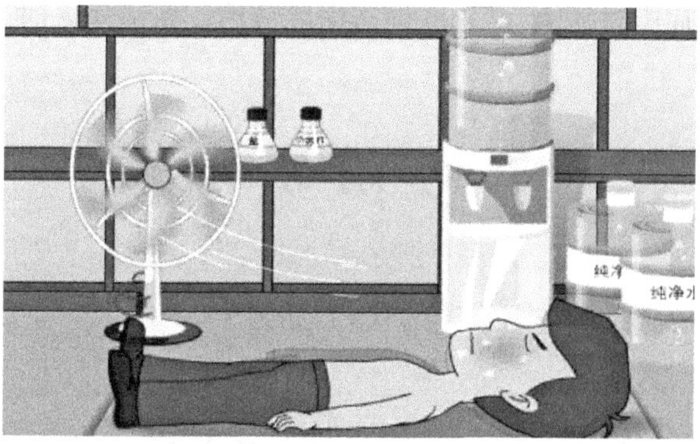

图 17-6　中暑急救措施之搬移

(2)降温:用冷水或稀释的酒精帮患者擦身,也可用冷水淋湿的毛巾或冰袋放在患者颈部、腋窝等处帮助患者散热,并使用手摇扇、电风扇等降温方法使空气流通,如图 17-7 所示。

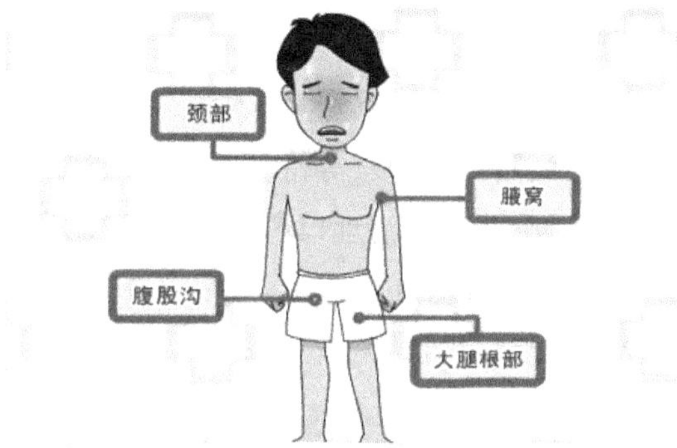

图 17-7　中暑急救措施之降温

(3)补水:病人意识清醒的或经过降温清醒的可饮服绿豆汤、淡盐水,或服用人丹、十滴水或藿香正气水等解暑。

(4)促醒:中暑病人若已失去知觉,可掐人中、合谷等穴使其苏醒,如图 17-8 所示。若呼吸停止,应立即实施人工呼吸。

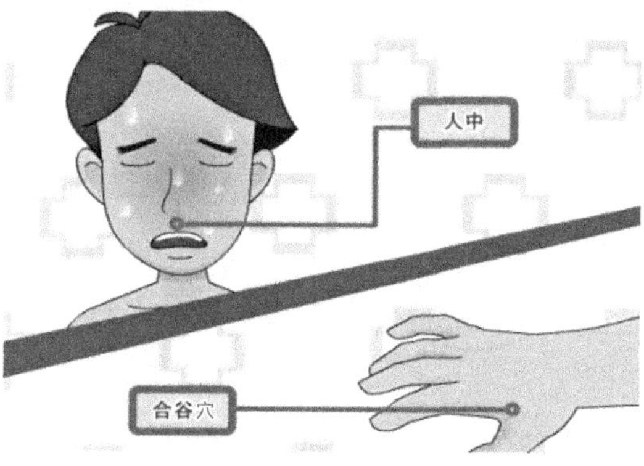

图 17-8　中暑急救措施之促醒

(5)转送:对于重症中暑病人,必须立即送医院诊治。搬运病人时,应用担架运送。

17.5 溺水急救

溺水者被救上岸后应先检查溺水者的状态,如图17-9所示。根据溺水者的状态,采取相应的急救措施。

图17-9　检查溺水者状态

(1)清醒且有呼吸:呼叫120,陪伴、保暖,等待救援人员或送医院观察。

(2)呼叫无反应,但有呼吸:呼叫120,清理口鼻异物,稳定侧卧位,防止误吸,等待120。

(3)呼叫无反应且无呼吸:即刻清理口鼻异物,并按照开放气道、人工呼吸、胸外按压的顺序进行心肺复苏,如图17-10所示。

图17-10　严重溺水者救治措施

17.6 心肺复苏

(1)将伤者翻成仰卧姿势,放在坚硬的平面上。将伤者头部仰起,打开气道确保其呼吸无阻,如图17-11所示。

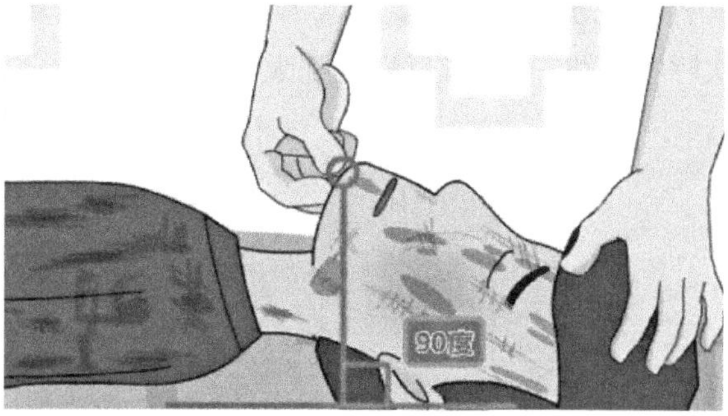

图 17-11 伤者安置措施

(2)注视伤者胸部是否有起伏或用脸颊感觉其是否有呼吸。若没有呼吸应马上进行人工呼吸。

(3)人工呼吸方法(图 17-12):用手指捏住伤员鼻翼,深吸气后,与伤员口对口紧合,在不漏气的情况下,先连续大口吹气两次,每次 1 ~ 1.5 秒;若两次吹气后试测颈动脉仍无搏动,可判断伤者心跳已经停止,要立即同时进行胸外按压。

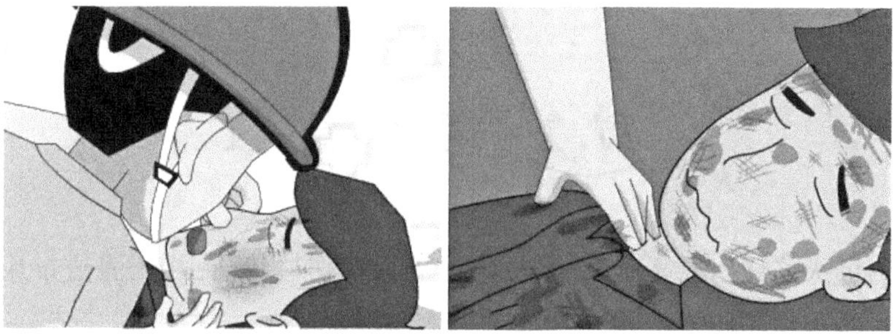

图 17-12 人工呼吸方法

(4)胸外心脏按压方法(图 17-13):救护者立或跪在伤员一侧肩旁,两肩位于伤员胸骨正上方,两臂伸直,肘关节固定不屈,两手相叠,手指翘起,手掌根部放在伤员心窝上方、胸骨下,掌根用力垂直向下挤压,使胸肋部下陷 3 ~ 5 厘米为宜,挤压后迅速放松,以每分钟 80 次左右的速度进行。

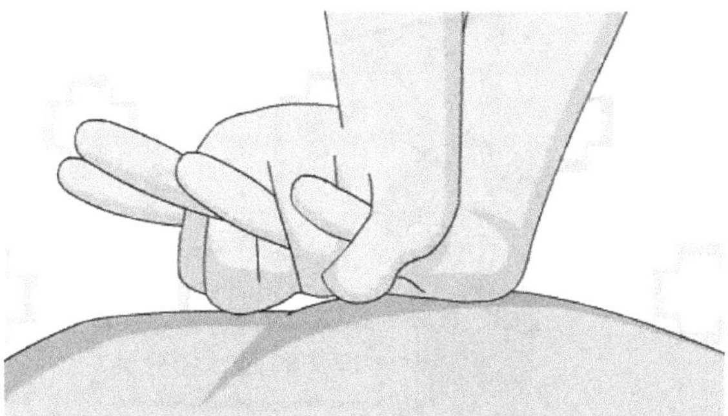

图 17-13 胸外心脏按压方法

(5)每进行30次胸外心脏按压后进行2次人工呼吸,以此为一个循环(图17-14)。每完成5个循环后检查一次呼吸心跳,直至伤者恢复呼吸和脉搏。

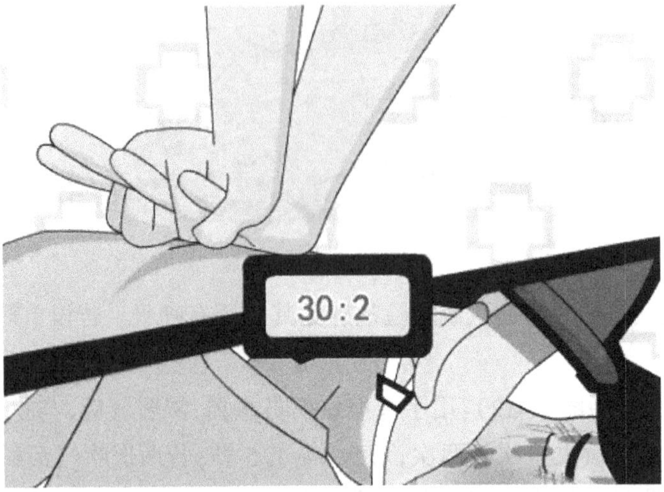

图17-14 每30次胸外心脏按压后人工呼吸2次

17.7 烧伤急救

(1)电灼伤、火焰烧伤或高温汽、水烫伤均应保持伤口清洁,并用清洁布片或消毒纱布覆盖。

(2)强酸或强碱灼伤应立即用大量清水彻底冲洗,冲洗时间不少于10分钟,并迅速将被侵蚀的衣物剪去,如图17-15所示。

图17-15 强酸或强碱灼伤应对措施

(3)未经医务人员同意,灼伤部位不宜涂抹任何药物或其他东西。

(4)送医院途中,可给伤员多次少量口服自制糖(盐)水。

17.8 压埋自救

(1)被压埋时,尽量用湿毛巾、衣物或其他布料捂住口、鼻和头部,如图17-16所示。

图17-16 用适当资源保护口、鼻和头部

(2)用周围可以挪动的物品支撑物体上方的重物,避免进一步坍落。

(3)小心扩大活动空间,保持足够的空气。

(4)寻找和开辟通道,设法逃离险境,朝着有光亮、更安全宽敞的地方移动。

(5)若无法脱险,要尽量保存体力;如有食品和水,要节约使用,尽量延长生存时间,等待救援。

17.9 火灾逃生

(1)在任何时间、地点,一旦发现起火要立即停止作业,并立即拨打119报警。

(2)火灾袭来时要迅速疏散逃生,不要贪恋财物。

(3)尽量用浸湿的衣物包裹身体,用湿毛巾或湿布捂住口鼻,或贴近地面爬行,如图17-17所示。

图 17-17　火灾现场撤离措施

(4)身上着火时,可就地打滚,或用厚重衣物覆盖压灭火苗,如图 17-18 所示。

图 17-18　身上着火应对措施

(5)火场切勿轻易跳楼逃生,可沿逃生杆滑下进行逃生。

18 岗位操作手册

岗位操作手册应详细列出各岗位的个人防护装备要求、操作前检查事项、安全操作规程、危险有害因素识别、防控措施以及应急响应流程,并张贴在作业区域的显眼位置,确保每位员工都能随时查阅,提升工作安全性。

18.1 有限空间作业岗位安全操作手册

有限空间作业岗位安全操作手册示例见表18-1。

有限空间作业岗位安全操作手册示例　　表18-1

<table>
<tr><td>设备名称</td><td colspan="2">有限空间</td><td>岗位名称</td><td colspan="2">有限空间作业</td><td>版本号:V1.0</td></tr>
<tr><td>标准个人防护</td><td colspan="6">
</td></tr>
<tr><td>风险警示标志</td><td colspan="6">
</td></tr>
<tr><td>应急处置</td><td colspan="6">1. 应当按照现场处置方案进行应急处置,组织科学施救,不做好安全措施盲目施救的,监护人员应当予以制止。
2. 超出企业自身能力救援,需要紧急救援请拨打119和当地应急部门电话,同时其他人员请撤离至安全位置。
3. 若作业人员受伤,初期处置后,请拨打120,寻求外部医疗处置</td></tr>
<tr><td>工作阶段</td><td>序号</td><td>步骤</td><td>危险有害因素及风险</td><td>可能的伤害</td><td>防护措施</td><td>备注</td></tr>
<tr><td>作业前</td><td>1</td><td>有限空间作业审批</td><td>未进行作业审批</td><td>中毒窒息、其他爆炸、其他伤害</td><td>应严格执行有限空间作业审批制度</td><td></td></tr>
</table>

续上表

工作阶段	序号	步骤	危险有害因素及风险	可能的伤害	防护措施	备注
作业前	2	安全交底，告知作业内容、作业过程中可能存在的安全风险，作业安全要求和应急处置措施等	未进行安全交底	中毒窒息、爆炸、其他伤害	作业前实施作业的全体人员应当接受安全交底	
	3	设备检查，对安全防护设备、个体防护用品、应急救援装备、作业设备和用具的齐备性和安全性进行检查	未进行设备检查，安全防护设备、个体防护用品、应急救援装备、作业设备缺失或失效	中毒窒息、爆炸、其他伤害	作业前应对安全防护设备、个体防护用品、应急救援装备、作业设备和用具的齐备性和安全性进行检查，发现问题应立即修复或更换，设备和用具应符合防爆安全要求	
	4	封闭作业区域及安全警示	未在作业现场设置围挡，安全警示标志告知牌缺失	其他伤害、车辆伤害	应在作业现场设置围挡，设置安全警示标志、告知牌；占道作业的，应设置交通安全设施；夜间作业的，应设置警示灯，人员应穿着高可视警示服	
	5	存在可能危及有限空间作业安全的设备设施、物料及能源时，应做安全隔离	未采取封闭、封堵，切断能源等可靠的隔离（隔断）措施，无专人看管，需防止人员意外启或移除隔离设施	爆炸、其他伤害	采取封闭、封堵、切断能源等可靠的隔离（隔断）措施，并上锁挂牌或设专人看管，防止无关人员意外启或移除隔离设施	
	6	通风（强制通风）、清除置换	未对气体进行通风（强制通风）置换，未对物料进行清洗，清空或置换	中毒窒息、爆炸、其他伤害	在作业前对气体进行通风（强制通风）置换，物料进行清洗、清空或置换	
	7	气体检测	未进行气体检测便进入有限空间作业	中毒窒息、爆炸、其他伤害	应严格执行“先通风、再检测、后作业”的原则，未经通风和检测合格，严禁作业人员进入有限空间作业	

续上表

工作阶段	序号	步骤	危险有害因素及风险	可能的伤害	防护措施	备注
作业前	8	进入有限空间前，根据作业环境选择佩戴符合要求的个体防护用品与安全防护设备	未根据作业环境选择并佩戴符合要求的个体防护用品与安全防护设备	中毒窒息、爆炸、高处坠落、淹溺、其他伤害	在进入有限空间前，应根据作业环境选择并佩戴符合要求的个体防护用品与安全防护设备	
作业中	1	按操作要求正确操作	未按操作要求正确操作；未确认作业环境、作业程序、安全防护设备和个体防护用品等要求便进入有限空间作业	中毒窒息、爆炸、高处坠落、淹溺、其他伤害	按操作要求正确操作；在确认作业环境、作业程序、安全防护设备和个体防护用品等符合要求后，作业人员才可进入有限空间作业	
	2	实时监测与持续通风	未进行实时监测；未进行持续通风	中毒窒息、爆炸	应采取适当的方式对有限空间作业面进行实时监测；作业过程中还应持续进行通风	
	3	监护人员在有限空间外全程持续监护	监护人员擅离职守；未与作业人员保持信息沟通；当发生异常情况时，未采取措施协助作业人员撤离；未经禁止其他人员进入作业区域	中毒窒息、高处坠落、淹溺、其他伤害	跟踪作业人员的作业过程，与其保持信息沟通，发现异常情况时，应立即向作业人员发出撤离警报，并采取措施协助作业人员撤离，防止未经许可的人员进入作业区域	
	4	异常情况紧急撤离有限空间	遇异常情况，未紧急撤离有限空间	中毒窒息、爆炸、高处坠落、淹溺、其他伤害	加强教育培训，严格施行有限空间作业方案，遇异常情况作业人员应立即中断作业，撤离有限空间	
	5	作业中断后再次进入有限空间作业	未重新通风、气体检测	中毒窒息、爆炸	作业人员再次进入有限空间作业前，应当重新通风，气体检测合格后方可进入	

续上表

工作阶段	序号	步骤	危险有害因素及风险	可能的伤害	防护措施	备注
作业后	1	有限空间作业完成后，作业人员应将全部设备和工具带离有限空间，清点人员和设备，确保有限空间内无人员和设备遗留后，关闭进出口，解除本次业前作采取的隔离、封闭措施，恢复现场环境后安全撤离作业现场	人员、工具和设备遗留在有限空间	中毒窒息、高处坠落、淹溺、其他伤害	作业后清点人员和设备，确保有限空间内无人员和设备遗留后；关闭进出口，恢复现场环境后安全撤离作业现场	
注意事项： 1. 上岗作业前请认真阅读操作规程，知晓并掌握本岗位存在的主要风险及对应的防护措施。 2. 请严格按照规程进行操作，严格执行“先通风、再检测、后作业”的原则。 3. 遇异常情况作业人员应立即中断作业，撤离有限空间						

18.2 动火作业岗位安全操作手册

动火作业岗位安全操作手册示例见表 18-2。

动火作业岗位安全操作手册示例 表 18-2

设备名称	动火作业设备	岗位名称	动火作业岗位	版本号：V1.0
标准个人防护				
风险警示标志				

续上表

<table>
<tr><td>应急处置</td><td colspan="6">1. 若发生火灾事故,请在保障自身的安全前提下,使用灭火器扑灭,若无可用灭火设施,请拨打119。
2. 应当按照现场处置方案进行应急处置,组织科学施救。未做好安全措施盲目施救的,监护人员应当予以制止。
3. 若发生触电等情况严重的,应立即拉闸断电,使触电者脱离电源,后实施人工救援,请拨打120,寻求外部医疗处置</td></tr>
<tr><td>工作阶段</td><td>序号</td><td>步骤</td><td>危险有害因素及风险</td><td>可能的伤害</td><td>防护措施</td><td>备注</td></tr>
<tr><td rowspan="6">作业前</td><td>1</td><td>作业审批,获取动火作业许可证。动火作业人员具有特种作业操作证</td><td>未进行作业审批;动火作业人员不具备特种作业操作证</td><td>火灾、触电、其他伤害</td><td>按照规定程序进行审批,获取动火作业许可证。动火作业人员具有特种操作人员证书</td><td></td></tr>
<tr><td>2</td><td>安全交底,现场逐项检查防火措施落实情况</td><td>未进行安全交底,未对防火措施进行逐项检查</td><td>火灾、触电、其他伤害</td><td>作业监护人与作业人员进行安全交底,逐项检查防火措施落实情况</td><td></td></tr>
<tr><td>3</td><td>在作业现场设置警戒线</td><td>未设置警戒线</td><td>火灾、触电、其他伤害</td><td>在作业现场设置警戒线,禁止无关人员进入</td><td></td></tr>
<tr><td>4</td><td>现场环境检查,配备应急器材</td><td>作业环境不符,存在易燃易爆等物品;应急救援物资缺失或失效</td><td>火灾、其他伤害</td><td>现场环境检查,清除周边易燃、易爆、可燃物品。作业现场配备符合要求的应急器材</td><td></td></tr>
<tr><td>5</td><td>作业现场通风,易燃易爆场所可燃气体浓度检测</td><td>作业现场未进行通风,未配备可燃气体检测设备或未进行可燃气体浓度检测</td><td>火灾、爆炸、其他伤害</td><td>作业现场进行通风或置换;配备可燃气体检测设备;作业前进行可燃气体检测,符合要求才能动火作业</td><td></td></tr>
<tr><td>6</td><td>动火设备装置检查。对工业气瓶减压阀、瓶帽、防倾倒装置等进行检查</td><td>未对动火设备、气瓶等进行安全检查;动火设备不良</td><td>火灾、触电、中毒和窒息、其他爆炸、其他伤害</td><td>对电焊机等动火设备的绝缘、接线端防护罩、电源箱漏电保护、接地保护等安全装置进行检查;对工业气瓶减压阀、瓶帽、防倾倒装置等进行检查,保证完好</td><td></td></tr>
</table>

续上表

工作阶段	序号	步骤	危险有害因素及风险	可能的伤害	防护措施	备注
作业中	1	作业人员佩戴劳动防护用品	作业人员未佩戴劳动防护用品或失效	火灾、触电、中毒和窒息、爆炸、其他伤害	动火作业时，作业人员应佩戴护目镜、口罩、防护面罩、手套、防护服、工作鞋等劳动防护用品，并确保完好有效	
	2	热切割作业时保持安全距离	安全距离不足	火灾、中毒和窒息、爆炸、其他伤害	热切割作业时，氧气瓶、乙炔瓶间距在5米以上，气瓶与动火点的距离在10米以上	
	3	配备监护人员；监护人员在现场全程持续监护	未配备监护人员或监护人员未在现场全程持续监护	火灾、触电、中毒和窒息、爆炸、其他伤害	监护人员应在现场全程持续监护，不得擅离职守；跟踪作业人员的作业过程，发现作业环境发生不良变化、安全防护措施失效和其他异常情况时，立即向作业人员发出撤离警报，并采取措施协助作业人员撤离；防止未经许可的人员进入作业区域	
作业后	1	作业完毕后现场清理	未关闭动火作业设备的电源及气瓶阀门，未清理材料、备件等	火灾、触电、中毒和窒息、爆炸、其他伤害	作业完毕后，动火人应关闭动火作业设备的电源，关闭气瓶阀门，清理材料、备件等	
	2	检查现场，确保没有遗漏火种；动火作业票存档	未检查作业现场，遗留火种	火灾、其他伤害	动火作业结束后，检查现场，确保没有遗漏火种；动火作业票存档	

注意事项：

1. 上岗作业前请认真阅读操作规程，知晓并掌握本岗位存在的主要风险及对应的防护措施。

2. 动火作业人员必须持证上岗；必须配备监护人员。

3. 严格按照规程进行操作，如设备出现异常情况，勿盲目操作，应联系设备维护部门；如作业过程中发现新增的风险应及时与部门领导反馈

18.3 高处作业岗位安全操作手册

高处作业岗位安全操作手册示例见表18-3。

高处作业岗位安全操作手册示例　　表18-3

<table>
<tr><td>设备名称</td><td>脚手架、吊篮等</td><td>岗位名称</td><td colspan="2">高处作业岗位</td><td colspan="2">版本号:V1.0</td></tr>
<tr><td>标准个人防护</td><td colspan="6">
</td></tr>
<tr><td>风险警示标志</td><td colspan="6">
</td></tr>
<tr><td>应急处置</td><td colspan="6">1. 若发生火灾事故,请在保障自身的安全前提下,使用灭火器扑灭,若无可用灭火设施,请拨打119。
2. 应当按照现场处置方案进行应急处置,组织科学施救。未做好安全措施盲目施救的,监护人员应当予以制止。
3. 情况严重的,请拨打120,寻求外部医疗处置</td></tr>
<tr><td>工作阶段</td><td>序号</td><td>步骤</td><td>危险有害因素及风险</td><td>可能的伤害</td><td>防护措施</td><td>备注</td></tr>
<tr><td rowspan="3">作业前</td><td>1</td><td>按照规定程序进行审批,获取高处作业许可证;作业人员资格检查</td><td>作业人员不具备作业证;未办理高处作业审批</td><td>高处坠落</td><td>开启风机等设备,安装除静电球,配备足够的应急物资</td><td></td></tr>
<tr><td>2</td><td>作业前教育培训,了解岗位风险及掌握操作技能</td><td>作业人员不了解岗位风险,未经安全培训合格就上岗</td><td>高处坠落、物体打击、其他伤害</td><td>新员工必须经三级教育培训并考核合格后方能上岗,定期组织岗位安全知识培训,落实班前后五分钟</td><td></td></tr>
<tr><td>3</td><td>检查安全措施落实情况,作业现场警戒</td><td>未检查安全措施落实情况;未设置警戒线,无关人员进入</td><td>高处坠落、物体打击</td><td>检查安全措施落实情况;在作业现场设置警戒线,禁止无关人员进入</td><td></td></tr>
</table>

续上表

工作阶段	序号	步骤	危险有害因素及风险	可能的伤害	防护措施	备注
作业前	4	作业工具检查	作业工具存在缺陷，如脚手架、作业平台、梯子等	高处坠落、物体打击	作业前应检查脚手架、作业平台、梯子（包括软梯）、脚手板、安全带、安全绳、防护围栏和踢脚板等，确保牢固、完好	
	5	作业人员对防护用品进行检查，配备应急器材等	未正确穿戴合格的劳动防护用品，现场应急物资缺失	高处坠落、物体打击、触电、其他伤害	按标准发放合格的劳动防护用品，监督作业人员正确穿戴和使用；配备合适的应急物资	
作业中	1	高处作业时，安全带使用	安全带未正确使用或安全带失效	高处坠落	高处作业时，安全带应系挂在作业上方的牢固构件上，应高挂低用；经常检查，保证劳动防护用品完好有效	
	2	作业人员需在高处平台移动作业的，设置生命绳	未设置生命绳	高处坠落	严格执行操作规程，设置生命绳	
	3	高处作业	员工违章作业，在高处休息；工具在随意放置	高处坠落、物体打击	严格执行操作规程；严禁在高处休息；工具在使用时应系有安全绳，不用时将工具放入工具袋内	
	4	作业监护	监护人员擅离职守，未与作业人员保持信息沟通，未禁止其他人员进入作业区域	高处坠落、物体打击、其他伤害	跟踪作业人员的作业过程，与其保持信息沟通，发现异常情况时，应立即向作业人员发出撤离警报，并采取措施协助作业人员撤离；防止未经许可的人员进入作业区域	

续上表

<table>
<tr><th>工作阶段</th><th>序号</th><th>步骤</th><th>危险有害因素及风险</th><th>可能的伤害</th><th>防护措施</th><th>备注</th></tr>
<tr><td>作业后</td><td>1</td><td>清理现场，完工验收</td><td>工具、物品、人员未清点，现场未清理</td><td>高处坠落、物体打击、其他伤害</td><td>作业结束，清理现场，确认所有工具、物品都已安全撤离高处作业现场方可离开；作业负责人与监护人应在许可证完工验收栏内签字</td><td></td></tr>
<tr><td colspan="7">注意事项：
1. 上岗作业前请认真阅读操作规程，知晓并掌握本岗位存在的主要风险及对应的防护措施。
2. 高处作业人员要定期检查身体，年老体弱人员、视力衰退人员、身体不适人员以及患有心脏病、高血压、癫病和有恐高症等不宜登高的人员，不得从事高处作业。
3. 作业前应检查登高用具是否安全可靠，不得借用设备构筑物、支架、管道、绳索等非登高设施作为登高工具。
4. 必须穿戴安全帽安全带等劳动防护用品</td></tr>
</table>

18.4 临时用电作业岗位安全操作手册

临时用电作业岗位安全操作手册示例见表18-4。

临时用电作业岗位安全操作手册示例　　表18-4

<table>
<tr><td>设备名称</td><td>临时用电线路</td><td>岗位名称</td><td>临时用电作业岗位</td><td>版本号：V1.0</td></tr>
<tr><td>标准个人防护</td><td colspan="4">
</td></tr>
<tr><td>风险警示标志</td><td colspan="4">
</td></tr>
<tr><td>应急处置</td><td colspan="4">1. 若发生火灾事故，请在保障自身的安全前提下，使用灭火器扑灭，若无可用灭火设施，请拨打119。
2. 应当按照现场处置方案进行应急处置，组织科学施救。未做好安全措施盲目施救的，监护人员应当予以制止。
3. 若发生触电等情况严重的，请拨打120，寻求外部医疗处置</td></tr>
</table>

续上表

工作阶段	序号	步骤	危险有害因素及风险	可能的伤害	防护措施	备注
作业前	1	作业单位和生产单位对作业现场和作业过程中可能存在的危险、有害因素进行辨识，制定相应的安全措施	未进行风险分析，未制定相应的安全措施	触电、火灾	作业前，作业单位和生产单位应对作业现场和作业过程中可能存在的危险、有害因素进行辨识，制定相应的安全措施	
	2	作业单位办理作业审批手续	未办理临时用电作业审批	触电、火灾	作业时审批手续应齐全，安全措施应全部落实作业环境应符合安全要求	
	3	清理作业现场	未清理作业现场	火灾、触电、其他伤害	清理现场周围的易燃易爆、妨碍作业的物品	
	4	对参加作业的人员进行安全教育	作业人员不熟悉临时用电区域存在的风险及管控措施，不了解个体防护器具佩戴要求，不清楚应急自救互救知识	触电、火灾、其他爆炸、其他伤害	作业人员参加教育培训，熟知操作规程；作业现场危险、有害因素及安全措施；正确佩戴使用劳动防护用品；清楚应急处置救援知识	
	5	作业人员遵守临时用电作业安全技术操作规程，并按规定着装及正确佩戴绝缘手套、绝缘靴等个体防护用具				
	6	特种作业操作资格证检查	非电工上岗	触电、其他伤害	安装临时线路人员持有特种作业操作资格证(电工作业)	
作业中	1	在开关上接引、拆除临时用电线路时，其上级开关断电上锁并加挂安全警示标牌	未断电上锁并加挂安全警示标牌	触电	断电上锁、加挂安全警示标牌	
	2	临时用电使用前检查电气装置和保护设施的可靠性	临时用电未设置接地保护	触电	临时用电应设置保护开关，使用前应检查电气装置和保护设施的可靠性；所有的临时用电均应设置接地保护	

续上表

工作阶段	序号	步骤	危险有害因素及风险	可能的伤害	防护措施	备注
作业中	3	临时用电线路架空架设	未按规范敷设临时用电线路	触电	临时用电线路架空时，不能采用裸线，架空高度在装置内不得低于2.5米，穿越道路不得低于5米；横穿道路时要有可靠的保护措施，严禁在树上或脚手架上架设临时用电线路	
	4	采用暗管埋设及地下电缆线路敷设	未按规范敷设临时用电线路	触电	采用暗管埋设及地下电缆线路必须设有“走向标志”及安全标志。电缆埋深不得小于0.7米，穿越公路在有可能受到机械伤害的地段应采取保护套管、盖板等措施	
	5	对现场临时用电配电盘、配电箱编号和防雨措施	现场临时配电盘、箱无防雨等措施	触电	装设防雨措施，配电盘箱门必须能牢靠关闭	
	6	安装符合规范要求的漏电保护器，工具应一机一闸一漏保	无漏电保护器，未做到一机一闸一漏保	触电	临时用电设施必需安装符合规范要求的漏电保护器，实行“三级配电、二级保护”“一机一闸一漏报”；分配电箱和开关箱应安装漏电保护装置	
作业后	1	通知电工立即停电拆除，作业检查验收签字，其他人员不得私自拆除	私自拆除临时用电，无验收	触电、火灾、爆炸、其他伤害	遵守临时用电作业安全操作规程，做好审批验收签字	

续上表

工作阶段	序号	步骤	危险有害因素及风险	可能的伤害	防护措施	备注
作业后	2	《临时用电安全作业证》保存	私自拆除临时用电,无验收确认,作业证未按规定保存	触电、其他伤害	《临时用电安全作业证》的第一联由作业单位(作业时)过程中持有,配送电执行人(作业结束后注销),第二联由配送电执行人持有,第三联由动力部门持有	

注意事项:

1. 上岗作业前请认真阅读操作规程,知晓并掌握本岗位存在的主要风险及对应的防护措施。
2. 所有绝缘、检验工具,应妥善保管,严禁他用,并应定期检查、校验。
3. 线路上禁止带负荷接电或断电,并禁止带电操作。
4. 电工必须持证上岗

19 班组施工现场安全作业“十不准”

牢记“十不准”口诀

假如当时我戴了安全帽
假如当时我切断了电源
假如当时我关闭了机器
假如当时我没有不安全站位
假如当时我真的把安全牢记心间
可惜**事故过后,没有假如**
请牢记安全生产“十不准”
让生命之舟平稳航行

19.1 施工现场安全生产“十不准”

(1)不戴安全帽,不准进入现场。

(2)酒后和带小孩不准进入现场。

(3)井架等垂直运输工具不准乘人。

(4)不准穿拖鞋、高跟鞋及硬底鞋上班。

(5)模板及易腐材料不准作脚手板使用,作业时不准打闹。

(6)电源开关不准一闸多用,未经训练的职工,不准操作机械。

(7)无防护措施不准高空作业。

(8)吊装设备未经检查(试吊)不准吊装,设备下面不准站人。

(9)木工场地和防火禁区不准吸烟。

(10)施工现场各种材料不准随意堆放,应分类堆放整齐,做到文明施工。

19.2 施工现场焊割“十不烧”

(1)焊工未经培训,无特种作业人员安全操作证,不准进行焊、割作业。

(2)凡属一、二、三级动火范围的焊、割作业,未经办理审批办理动火手续,不准进行焊割作业。

(3)焊工不了解焊件内部是否安全时,不得进行焊割工作。

(4)焊工不了解焊割现场周围情况,不得盲目进行作业。

(5)各种装过易燃、易爆、有毒物质的容器,未经彻底清洗和排除危险前,不准进行焊割作业。

(6)用可燃材料作保温层、冷却层、隔音或隔热设备的部分,或火星能飞溅到的地方,在未采取切实可靠防火安全措施前,不准焊割。

(7)有压力或密闭的管道、容器,不准焊割。

(8)焊割部位附近有易燃易爆物堆放,未做清理或未采取有效安全措施前,不准焊割。

(9)附近有与明火作业相抵触的工种在作业时,不准焊割。

(10)与外单位相邻部位,在弄清有无危险前不准焊割。

19.3 施工现场高处作业“十不准”

(1)安全帽未系紧或安全带未挂牢不准作业。

(2)身体状况不适应不准从事高处作业。

(3)防护栏、安全网防护不到位不准作业。

(4)上下通道(梯子)不牢固不准上下攀登。

(5)脚手板绑扎不牢固不准作业。

(6)悬挂式脚手架悬挂点不牢固不准作业。

(7)模板支撑和绑扎好的钢筋不准攀登。

(8)工具材料不准相互和上下抛掷。

(9)六级强风和恶劣天气不准作业。

(10)其他安全措施不完备不准作业。

19.4 施工现场起重“十不吊”

(1)起重臂和吊起的重物下面有人停留或行走不准吊。

(2)起重指挥应由技术培训合格的专职人员担任,无指挥或信号不清不准吊。

(3)钢筋、型钢、管材等细长和多根物件必须捆扎牢靠,多点起吊。单头“千斤”或捆扎不牢靠不准吊。

(4)多孔板、积灰斗、手推翻斗车不用四点吊或大模板外挂板不用卸甲不准吊。预制钢筋混凝土楼板不准双拼吊。

(5)吊砌块必须使用安全可靠的砌块夹具,吊砖必须使用砖笼并堆放整齐。木砖、预埋件等零星物件要用盛器堆放稳妥,叠放不齐不准吊。

(6)楼板、大梁等吊物上站人不准吊。

(7)埋入地面的板桩、井点管等以及粘连、附着的物件不准吊。

(8)多机作业,应保证所吊重物距离不小于3米,在同一轨道上多机作业,无安全措施不准吊。

(9)六级以上强风不准吊。

(10)斜拉重物或超过机械允许荷载不准吊。

19.5 施工现场混凝土作业“十不准”

(1)未经岗前安全培训不准作业。

(2)不按规定佩戴劳动保护用品不准作业。

(3)作业场所的环境和安全状况不符合规定不准作业。

(4)工具设备不合格不准作业。

(5)夜间照明不足和未使用安全电压工作灯不准作业。

(6)使用振动棒时电源线有破皮现象不准作业。

(7)人工推运混凝土未在道路上设置防滑装置不准作业。

(8)混凝土吊斗未停稳不准下料。

(9)拌和机运转时不准将工具伸入筒内作业。

(10)其他安全措施不完备不准作业。

19.6 施工现场脚手架作业“十不准”

(1)未持特种操作证或未岗前安全培训不准作业。

(2)不按规定佩戴劳动保护用品不准作业。

(3)未进行安全技术交底或交底不清不准作业。

(4)工具材料不准相互或上下抛掷。

(5)六级以上强风和恶劣天气不准作业。

(6)作业中不准跳跃架子。

(7)搭拆过程中不符合方案要求不准继续施工。

(8)与电线距离不够或未设防护措施不准作业。

(9)搭拆时地面未设置围栏或警戒标志不准作业。

(10)其他安全措施不完备不准作业。

19.7 施工现场电气操作“十不准”

(1)未持特种作业证或未经岗前培训不准作业。

(2)未按规定穿戴绝缘鞋和手套不准作业。

(3)没有可靠的安全防护不准作业。

(4)不符合 TN-S 标准不准供电。

(5)不使用电工专用工具不准作业。

(6)雷雨天气不准测定接地电阻。

(7)电路修理不准单人操作。

(8)不符合“三级配电”“两级保护”不准供电。

(9)未实行“一机一闸”制不准供电。

(10)其他安全措施不完备不准作业。

19.8 施工现场钢筋作业“十不准”

(1)未经岗前安全培训不准作业。

(2)不按规定佩戴劳动保护用品不准作业。

(3)未进行安全技术交底或交底不清不准作业。

(4)工具和机械设备不合格不准作业。

(5)夜间照明不足不准作业。

(6)靠近架空线路未采取有效隔离措施不准作业。

(7)雷雨天气不准进行露天作业。

(8)操作平台不稳定不准作业。

(9)不准在绑扎好的钢筋或模板支撑上行走和攀登。

(10)其他安全措施不完备不准作业。

19.9 宿舍防火安全“十不准”

(1)不准私拉乱接电线。

(2)不准卧床吸烟、乱扔烟头。

(3)不准占用、堵塞疏散通道。

(4)不准在楼内焚烧杂物。

(5)不准携带易燃易爆物品入舍。

(6)不准使用“热得快”等大功率电器设施。

(7)不准使用酒精炉等明火器具。

(8)不准擅自变动电源设备。

(9)不准离开宿舍不关电源。

(10)不准损毁灭火器和消防设备。

19.10 个人作业“十不站”

(1)严禁在运行吊物下、起重吊臂作业半径下站人。

(2)严禁在设备运行、禁止区域或移动轨迹范围内站人。

(3)严禁在高处临边、孔洞等区域无安全措施前提下站人。

(4)严禁在易发生有毒有害介质泄漏、易燃易爆生产区域内无安全措施与专人陪同前提下站人。

(5)严禁在热态熔融(喷溅)区域、红钢运行(高温辐射)区域以及电离辐射区域附近站人。

(6)严禁在拆卸阀门、管道、设备结构等情况下,处于压力、势能释放的正面区域站人。

(7)严禁在移动设备或装置、吊装件或移动车辆上站人。

(8)严禁在无监护的立体交叉作业区域或动火作业区域下方站人。

(9)严禁在高压电气柜或变电区域无安全措施前提下站人。

(10)严禁在大型设备拆装、建筑爆破、环境不明、生产通道等区域未经许可站人。

20 班组管理台账

20.1 建立班组管理台账目的

构建系统化安全管理框架,实现安全责任可追溯、流程节点可视化、执行效果可量化。

20.2 班组管理台账核心功能模块

(1)预验收模块。通过“班组预验收考察表”实现事前质量控制,明确验收标准与流程,确保工程节点安全达标,形成“施工—自检—验收”的闭环管理。

(2)教育培训模块。通过“三级教育表”“转岗再教育表”形成人员能力成长档案,确保安全知识持续更新。

(3)人员台账模块。建立“施工现场‘三类人员’名册”“特种(设备)作业人员名册”“施工人员名册”三级人员档案,实现资质动态管理、人员精准调配,确保关键岗位持证上岗。

(4)过程管控模块。通过“安全会议记录表”“安全交底记录表”“班组标准化“六步走”登记表”“班组首件工程记录表”推动安全指令精准传达,形成管理闭环。

(5)劳动防护管理模块。通过“防护用品登记表”实现物资全寿命周期管理,确保防护措施实时有效。

(6)班组考核模块。运用“高速公路班组标准化考核评分表”“班组标准化奖励发放表”“班组班前教育及班后总结考核评分表”构建考核机制,通过量化评分激励安全行为,形成“考核—改进—提升”的良性循环。

20.3 建立班组管理台账的优势

(1)标准化:统一格式规范填写,减少人为失误。

(2)系统化:13 项表单构成完整管理链条,覆盖安全管理全周期。

(3)可视化:数据记录清晰可查,安全态势一目了然。

(4)可量化:考核评分有据可依,管理效能持续提升。

20.4 建立班组管理台账必要性

面对高度复杂的安全生产环境,传统经验管理已难以适应现代安全需求。建立台账体系可以实现:

(1)将安全责任从“口头承诺”转为“书面契约”。

(2)使作业流程从“模糊执行”变为“标准操作”。

(3)让管理措施从“事后补救”转向“事前预防”。

(4)为安全决策提供数据支撑,提升管理科学性。

20.5 各类安全管理台账

(1)班组预验收台账。

班组预验收考察台账见表 20-1。

班组预验收考察表

表 20-1

编号： 日期： 年 月 日

<table>
<tr><td colspan="3">班组名称：</td></tr>
<tr><td colspan="3">班组预验收附件目录：
1. 施工分包或劳务合作单位相关资料；2. 班组组件方案；3. 预验收影像等过程资料；4. 其他资料</td></tr>
<tr><td colspan="3">施工单位自评：

项目经理（签字、盖章）： 日期：</td></tr>
<tr><td colspan="3">监理单位评价：

总监工程师（签字、盖章）： 日期：</td></tr>
<tr><td>工程处意见：

签字：</td><td>安全处意见：

签字：</td><td>合同处意见：

签字：</td></tr>
<tr><td colspan="3">指挥部意见：

日期：</td></tr>
</table>

(2)班组教育培训台账。

班组教育培训台账见表20-2～表20-4。

安全教育培训活动记录表

表20-2

项目名称：________________　　　　编　号：________________

施工单位：________________　　　　合同段：________________

活动名称		活动时间	年　月　日
活动类别		参加对象	
活动地点		参加人数	
主讲人		记录人	
活动内容摘要：			
活动类别：高空坠落、触电、季节性、事故案例、安全操作规程和技能等培训			

注：1. 本表用于记录各项安全教育培训活动，写不下的可另附页。

2. 参加人员签名可用“安全会议(教育培训活动)签到单”作附件。

3. 此表后附安全教育培训内容、签到单及影像资料。

三级安全教育表

表 20-3

项目名称：________________　　　　　　编　号：__________

施工单位：________________　　　　　　合同段：__________

<table>
<tr><td>姓名</td><td></td><td>性别</td><td></td><td>年龄</td><td></td><td>身份证号码</td><td></td></tr>
<tr><td>班组</td><td></td><td>工种</td><td></td><td>文化程度</td><td></td><td>进场时间</td><td></td></tr>
<tr><td rowspan="2">公司级安全教育</td><td colspan="7"></td></tr>
<tr><td>讲课人</td><td></td><td>听课人</td><td></td><td>教育日期</td><td colspan="2">— 年 月 日
年 月 日</td></tr>
<tr><td rowspan="2">项目部级安全教育</td><td colspan="7"></td></tr>
<tr><td>讲课人</td><td></td><td>听课人</td><td></td><td>教育日期</td><td colspan="2">— 年 月 日
年 月 日</td></tr>
<tr><td rowspan="2">班组级安全教育</td><td colspan="7"></td></tr>
<tr><td>讲课人</td><td></td><td>听课人</td><td></td><td>教育日期</td><td colspan="2">— 年 月 日
年 月 日</td></tr>
</table>

注：公司级讲课人为公司安全管理人员或公司授权的项目安全责任人，项目级讲课人为项目部安全管理人员，班组级讲课人为施工班组安全负责人或班组长。

转岗、返岗安全再教育表　　　　表 20-4

项目名称：________________　　　　编　号：________

施工单位：________________　　　　合同段：________

<table>
<tr><td>姓名</td><td></td><td>性别</td><td></td><td>上岗时间</td><td></td><td>身份证号码</td><td></td></tr>
<tr><td>原班组</td><td></td><td>原工种</td><td></td><td>新班组</td><td></td><td>新工种</td><td></td></tr>
<tr><td rowspan="2">项目部级安全教育</td><td colspan="7"></td></tr>
<tr><td>讲课人</td><td></td><td>听课人</td><td></td><td>教育日期</td><td colspan="2">年　月　日
—
年　月　日</td></tr>
<tr><td rowspan="2">班组级安全教育</td><td colspan="7"></td></tr>
<tr><td>讲课人</td><td></td><td>听课人</td><td></td><td>教育日期</td><td colspan="2">年　月　日
—
年　月　日</td></tr>
</table>

注：离岗六个月以上或者调岗的从业人员，上岗前应当重新进行安全生产教育和培训。

（3）人员信息管理台账。

人员信息管理台账见表 20-5 ~ 表 20-7。

施工人员名册

表 20-5

项目名称：__________　　合 同 段：__________

施工单位：__________　　班组名称：__________

序号	姓名	性别	年龄	工种	身份证号码	家庭住址	联系方式	进场时间	退场日期	考核成绩	备注

注：1.“考核成绩”指三级安全教育考核结果。

2. 施工人员名册按施工班组进行登记，人员发生变化应随时更新。

特种(设备)作业人员名册

表 20-6

项目名称:________________　　　　第____页 共____页

施工单位:________________　　　　合同段:__________

序号	工作班组	工种	姓名	性别	年龄	身份证号码	证书编号	发证部门	发证时间	复审时间	进场日期	退场日期	备注

项目经理签名:　　　　填表人:　　　　日期:

注:1. 本表用于登记特种(设备)作业人员,人员发生变化随时更新。

2. 特种作业人员指从事国家规定特种作业的人员,包括电工、焊接与热切割工、登高架设作业工、爆破作业人员等应急管理部门认定从事其他特种作业的人员。

3. 特种设备作业人员指锅炉、压力容器、压力管道、电梯、起重机械、客运索道、大型游乐设施、场(厂)内专用机动车辆的作业人员及其相关管理人员。

4. 此表后按序附特种作业(特种设备操作)人员的身份证、资格证书等复印件。

施工现场“三类人员”名册

表 20-7

项目名称：______________　　　　第____页　共____页

施工单位：______________　　　　合同段：__________

<table>
<tr><th colspan="2">类　别</th><th>姓名</th><th>进场日期</th><th>身份证号码</th><th>技术职称</th><th>安全证书编号</th><th>发证部门</th><th>发证日期</th><th>复审时间</th><th>退场日期</th><th>备注</th></tr>
<tr><td rowspan="4">项目负责人</td><td>项目经理</td><td></td><td></td><td></td><td></td><td></td><td></td><td></td><td></td><td></td><td></td></tr>
<tr><td>项目总工</td><td></td><td></td><td></td><td></td><td></td><td></td><td></td><td></td><td></td><td></td></tr>
<tr><td>项目副经理</td><td></td><td></td><td></td><td></td><td></td><td></td><td></td><td></td><td></td><td></td></tr>
<tr><td>安全负责人</td><td></td><td></td><td></td><td></td><td></td><td></td><td></td><td></td><td></td><td></td></tr>
<tr><td colspan="2" rowspan="7">专职安全员</td><td></td><td></td><td></td><td></td><td></td><td></td><td></td><td></td><td></td><td></td></tr>
<tr><td></td><td></td><td></td><td></td><td></td><td></td><td></td><td></td><td></td><td></td></tr>
<tr><td></td><td></td><td></td><td></td><td></td><td></td><td></td><td></td><td></td><td></td></tr>
<tr><td></td><td></td><td></td><td></td><td></td><td></td><td></td><td></td><td></td><td></td></tr>
<tr><td></td><td></td><td></td><td></td><td></td><td></td><td></td><td></td><td></td><td></td></tr>
<tr><td></td><td></td><td></td><td></td><td></td><td></td><td></td><td></td><td></td><td></td></tr>
<tr><td></td><td></td><td></td><td></td><td></td><td></td><td></td><td></td><td></td><td></td></tr>
</table>

项目经理签名：　　　　填表人：　　　　日期：

注：1. 本表用于登记施工现场“三类人员”，人员发生变化随时更新，并向监理单位报审、建设单位报备。

2. 备注栏应注明项目副经理（分管生产或分管安全）、专职安全员（按项目部内部实际分工划分）分工等。

3. 此表后按序附三类人员的身份证、安全证书等复印件。

(4)过程管控台账。

过程管控台账见表20-8~表20-11。

安全技术交底记录表

表20-8

项目名称:________________　　　　编　号:________

施工单位:________________　　　　合同段:________

交底内容		交底时间	
参加对象及人数		交底人	
交底地点		记录人	
交底内容摘要:			

注:本表用于施工单位负责项目管理的技术人员实施技术交底,完成后归档至"一人一档"。

安全会议记录表

表 20-9

项目名称：______________　　　　编　号：__________

施工单位：______________　　　　合同段：__________

<table>
<tr><td>会议名称</td><td></td><td>会议时间</td><td colspan="3"></td></tr>
<tr><td>会议地点</td><td></td><td>组织部门</td><td colspan="3"></td></tr>
<tr><td>出席对象</td><td></td><td>主持人</td><td></td><td>记录人</td><td></td></tr>
<tr><td colspan="6">会议内容摘要：</td></tr>
</table>

注：1. 本表用于记录各项安全教育培训活动，写不下的可另附页。

2. 此表后附安全培训材料。

班组首件工程记录表

表 20-10

合同号：　　　　　　　　　　　　　　　　　　　　日期：　　年　月　日

<table>
<tr><td>首件工程名称：</td></tr>
<tr><td>首件工程附件目录：</td></tr>
<tr><td>施工单位自评：

总工程师(签字、签章)：　　　　　　　　　日期：</td></tr>
<tr><td>监理单位评价：

总监理工程师(签字、签章)：　　　　　　　日期：</td></tr>
</table>

填表说明：1. 附件目录应包括总结报告、总结会议纪要、各项施工及检查记录、各项试验报告、影像资料等。

2. 评价情况中说明施工后对照质量检验评定标准对各项指标以及外观质量进行综合评价，明确该首件工程质量是否符合要求。

班组标准化“六步走”登记表

表 20-11

班组名称：　　　　　　　　　　　　　　　　　　　　　　日期：

序号	检查项目	检查内容	检查结果	备注
1	班前教育	是否开展班前会	是□　否□	
		是否观看警示教育视频	是□　否□	
	签字确认			
2	班前检查	是否正确佩戴个人防护用品	是□　否□	
		有无酒后、带小孩者进入施工现场	无□　有□	
		油库、防火禁区、木工场是否有吸烟或明火作业	否□　是□	
		各种电动机械设备，是否有可靠有效的安全措施和防护装置，方能开动使用	是□　否□	
		作业环境是否安全、可靠	是□　否□	
		作业人员身体、情绪是否正常	是□　否□	
		有无违章穿着现象	无□　有□	
3	班中巡查	有无违反安全生产操作规程	无□　有□	
		有无在易燃易爆物品附近抽烟	无□　有□	
		是否有不懂或不会操作现象	否□　是□	
		对作业内容有无不适应的现象，作业人员身体、精神状态是否失常	无□　有□	
		有无私自拆除防护设施、脱去个人防护用品	无□　有□	
		安全通道是否畅通	是□　否□	
		有无其他违章现象	无□　有□	
4	班后清理	作业场地及物具有无清扫、归类	有□　无□	
		料具和设备是否复位还原、切断电源	是□　否□	
		是否说明其他相关问题	否□　是□	
5	班后交接	是否进行班后交接	是□　否□	
6	班后总结	是否进行班后总结	是□　否□	

注：1. 针对检查内容，在检查结果一栏打“√”。

2. 此表已装订成册。

(5)劳动防护管理台账。

劳动防护管理台账见表20-12。

安全防护用品使用登记表

表20-12

项目名称：______________　　　　第____页 共____页

施工单位：______________　　　　合同段：__________

序号	领用日期	物品名称	领用数量	领用单位	领用人	发放人	备注

注：安全防护用品指在施工过程中用来保护从业人员安全和健康的安全帽、劳动防护服、安全带、安全网、劳保鞋、护目镜、电焊手套、安全绳、救生衣等防护用品。

(6)安全考核管理台账。

安全考核台账见表20-13、表20-14。

高速公路班组标准化考核评分表 表20-13

项目名称: 班组名称: 考核时间:

考评内容		分值	评分标准	项目部自评	监理单位审查	建设单位审查
人员管理(15分)	持证上岗	5	每发现一例技术工种及特殊工种人员无上岗证上岗现象扣1分,扣完为止			
	实名制工资支付	5	每发现一人未实名登记扣0.5分,每发现一人未及时支付工资扣1分,扣完为止			
	健康管理	5	每发现一人未落实疫情防控或职业病防治措施扣1分,扣完为止			
教育培训(15分)	岗前培训	5	未按要求完成岗前培训或考试不合格,每发现一人扣1分,扣完为止			
	在岗培训	5	未积极参加项目部组织的班组管理、操作技能、施工技术等培训内容的,每发现一人扣1分,扣完为止			
	职业技能培训	5	未配合项目部职业技能提升需求(新增、提升职业技能等级)的,每发现一人扣2分,扣完为止			
文明环保(15分)	统一着装	5	每发现一人未统一着装扣0.5分,扣完为止			
	环保措施	10	每发现一例废渣乱丢弃或泥浆、污水乱排放或扬尘超标或允许未申领环保标牌非道路移动机械进场施工现象扣1分,扣完为止			

续上表

考评内容		分值	评分标准	项目部自评	监理单位审查	建设单位审查
质量控制 (20分)	工艺流程	10	每发现一例工艺流程不符合施工规范要求的现象扣0.5分,每发现一例采用部、省规定限制类落后工艺的扣0.5分,采用禁止类落后工艺扣1分,扣完为止			
	质保措施	10	1. 班组首次作业认可制落实不到位的,扣1分,扣完为止。 2. 质量、技术交底要求落实不到位的,扣1分,扣完为止。 3. 每发现一例不符合质保措施的现象扣1分,扣完为止			
安全生产 (25分)	个人防护	5	每发现一人未佩戴齐全防护用品扣1分,扣完为止			
	临时措施	10	每发现一处临时防护缺失或设置不规范扣1分,扣完为止			
	班组工作	10	1. 班组“班前会召开、预知危险活动、作业前安全检查、班中安全检查、班后清理、交接班安全确认”六步走循环执行情况不到位的,扣1分,扣完为止。 2. 安全交底要求落实不到位的,扣1分,扣完为止			
整改落实情况 (20分)	整改落实	20	每发生环保、质量、安全问题两次以上未整改或整改落实不到位的,扣5分,扣完为止			
加分项(最高15分)			1. 引领新技术发展方向,积极推行工艺微改造、工法微改良、设备微改造,促进项目创新成果的推广应用,每项加1分。 2. 落实信息化、智慧化、工业化管理的,加1分。			

续上表

考评内容	分值	评分标准	项目部自评	监理单位审查	建设单位审查
加分项(最高15分)		3. 积极开展质量通病整治、施工难题攻克等群众性的质量管理小组活动，或在创建质量信得过班组活动中，获得国家级荣誉的每项加6分，省部级一等奖的每项加4分，二等奖的每项加3分，三等奖的每项加2分。 4. 交通运输部组织召开的示范工程现场会所在项目的班组，加8分，省级加5分，市级加3分，县级加2分。 5. 参加技术比武活动获奖的，省级加5分，市级加3分，县级加2分。 6. 班组或成员获得荣誉称号，国家级加6分，省部级加4分，地市级加3分，县级加2分。 7. 参与县级及以上政府组织的抢险或救灾并受表彰的，每次加2分			
总分					
签认			施工单位意见： 年 月 日 (施工单位章)	监理单位意见： 年 月 日 (监理单位章)	建设单位意见： 年 月 日 (建设单位章)

说明：1. 班组长身份认定资料、优秀班组企业推荐公示材料需作为附件资料一并提交。

2. 得分85分(含)以上为好。

3. 加分项应附上证明材料。

班组标准化奖励发放表

表 20-14

日期：__________

序号	班组	姓名	奖励金额	领用人签字	备注
		合计：		元	

主管：　　　　　　　　审核：　　　　　　　　制表：

21 班组安全责任书及安全承诺书

班组安全责任书及安全承诺书是明确安全职责、强化责任担当的书面载体，通过量化安全目标、规范操作准则、承诺践诺机制，构建“责任明晰、执行有据、承诺必践”的班组安全管理基础。安全生产责任书及员工岗前承诺书示例分别见表21-1和表21-2。

安全生产责任书示例 表21-1

<table>
<tr><td colspan="2">安全生产责任书</td></tr>
<tr><td colspan="2">1. 严格遵守本单位的安全生产规章制度和劳动纪律，服从管理，正确佩戴和使用个人防护装备，对本岗位安全生产负直接责任。
2. 接受本岗位相应的安全生产教育和培训，掌握本职工作所需的安全生产知识，提高安全生产技能，增强事故预防能力。
3. 使用工装工具时，严格按其安全操作规程或安全使用说明进行操作，发生故障时及时排除或报修，严禁带病操作。
4. 做好所配工装工具的日常检查和维保工作，保持工装工具完好和工况良好，发现故障时及时排除或报修。
5. 落实本岗位工前、工中、工后安全“三检”制，及时消除隐患；当班作业完成后，与下一班做好工作交接。
6. 拒绝违章指挥和强令冒险作业，发现隐患或其他不安全因素时立即报告，遇有危及人身安全的紧急情况时有权立即停止作业、撤离避险。
7. 参加本单位生产安全事故应急预案培训和演练，熟悉本岗位涉及的安全风险，掌握并落实相应的防范和应急处理措施。
8. 发生事故时，做好力所能及的现场处置工作，并及时、如实向单位领导报告</td></tr>
<tr><td>甲方代表：

年 月 日</td><td>作业人员（乙方）：

年 月 日</td></tr>
</table>

员工岗前承诺书示例 表21-2

<table>
<tr><td>员工岗前承诺书</td></tr>
<tr><td>为了认真贯彻执行安全生产的法律法规和国家的安全生产方针政策，紧紧围绕“以人为本，安全第一”这一中心指导思想，进而规范施工从业人员在施工过程中的操作行为，消除不安全因素，控制工伤事故的发生，确保自身安全和生产安全，确保施工生产的顺利进行，项目部依据国家法律、法规和行业规范标准要求，将施工过程中各项作业活动的注意事项及规范要求编制成文，希望各员工人员认真学习并引以为重，把安全技术交底的有效性、针对性真正落到实处，确保施工过程中各项安全管理工作得到有序的控制。具体内容如下：
1. 自觉遵守安全生产的法律、法规和公司及项目部的各项安全管理制度、措施、规定和规程，服从管理，听从安排。
2. 严格按照《建设工程安全生产操作规程》进行操作和作业，保证不违章作业、不违反劳动纪律，并拒绝违章指挥，做到文明安全施工。
3. 按照项目部及班组的施工安全要求，严格按施工安全技术交底内容进行作业与操作，保证不冒险蛮干、不野蛮作业。同时督促他人按要求、规范、规定进行施工作业。
4. 自觉维护现场各项管理，不擅自动用现场消防器材、特种机械设备、电器设备；做到持证上岗，无证不乱动；不私拉乱接电源，不擅自动用明火，不乱窜岗位，不擅自拆迁施工现场的任何防护设施，等等。
5. 工作期间不吸烟、不喝酒、不打架斗殴，不做违法乱纪的事。
6. 工人进入施工现场必须佩戴合格的安全帽，系好下颚带，锁好带扣；施工时保证不去不安全的地方随意行走，不随意攀爬现场防护设施，不在现场嬉戏、打闹、躺卧、随地大小便等。
7. 工人登高及高空作业时必须系好安全带，必须穿防滑鞋，着装灵便。
8. 作业时要确保作业点上方有无危险，做好防护措施有专人监护，严禁上下交叉作业。
9. 特殊工种持证上岗，特殊作业佩戴相应的劳动安全保护用品。
10. 施工人员必须遵守安全施工规章制度。有权拒绝违反“安全施工管理制度”的操作方法。
11. 团结友爱，禁止与其他专业施工队人员发生冲突，严禁工人私下解决矛盾。
12. 如因野蛮施工、违章作业、违章指挥、违反劳动纪律，违反法律法规及上述所列条款等而造成的各类安全及治安事故，对于造成事故的班组及个人，情节较轻者，未能影响施工作业的正常进行，我项目部将视其情节严重给予其警告或罚款的处分；对于因造成严重事故而给我公司造成重大负面影响或使我公司无法正常施工的团体及个人，我公司将根据国家相关法律法规，追究其法律责任</td></tr>
<tr><td>本承诺书由项目部协议拟定，自签发之日起正式生效。工人在认真学习上述内容后请于下方签字确认，并确保严格遵照条款陈述内容操作施工。

承诺人(签字)：</td></tr>
</table>

22 班组安全风险告知

班组安全风险告知是确保班组成员了解工作中潜在危险、掌握预防措施的关键环节，通过定期识别、评估风险，并以口头、书面、培训等多种方式传达给每位班组成员，旨在提高其安全意识、减少事故、保障工作安全。普工岗位风险告知书和职业健康安全告知书示例分别见表22-1和表22-2。

普工岗位风险告知书示例 表22-1

普工岗位风险告知书
你将从事的___________普工作业，存在着车辆伤害、机械伤害、坠落、物体打击、触电等岗位危险，予以告知。你在作业时务必遵守相关的规章制度、专项工程安全施工方案、安全技术措施，并熟记作业要点及其特性，掌握好相应的安全防范技能；进入作业场所后，要进行重新检查，发现异常情况和不安全因素必须及时采取有效措施排除；要正确使用和佩戴劳动保护用品，在做好自我防范的同时，还要认真贯彻联保互保。同时对以下针对性措施必须经常对照执行： 1. 在道路上工作时，密切注意来往车辆，做到“一看二停三通过”，不抢一分一秒，保证自己不被车辆伤害。 2. 从事开挖作业时，先观察好周边情况和环境，确保不伤及自身和他人的情况下再作业。 3. 从事搬运石块等工作时，要严格注意身边的人，在呼喊并应答、引起对方注意并退让到安全地带后才可以工作。同时，要积极注意自身安全，不搬运过重的石块，经常检查铁锹、榔头、扁担等工具，一有损坏，立即更换或修复。 4. 在电力线底下、光缆附近施工时，必须严格按照安全技术交底，时刻提高警惕，保护好电力电线、国防光缆。 5. 严禁在河流、池塘等地游泳、洗澡，由此引发的后果由你承担。 6. 做好防火、防盗工作，保护好自己的财物。 7. 工作时必须佩戴好劳动防护用品，戴好安全帽并系好下颌带。 8. 密切注意工程施工机械，在挖掘机、压路机、推土机等机械附近施工时，必须面向机械并及时避让，确保安全。严禁在压路机等机械下休息，严禁在施工现场打闹、追逐。 9. 工作时听从班组长统一指挥，严格遵守劳动纪律、三级安全教育及安全交底内容
本人已清楚了解所从事工作的安全风险，愿意承担此风险，在工作中严格遵守、落实相关措施，关注自身及他人安全。 被告知人签名： 年 月 日

职业健康安全告知书示例　　表 22-2

职业健康安全告知书
项目全体员工： 为确保施工作业人员在进入本项目施工作业区内作业过程中减少环境污染，防止职业健康安全事故、事件的发生，请仔细阅读以下内容： 一、职业健康安全管理方针是： 安全第一、预防为主、以人为本、关注健康、持续改进、追求卓越 二、本项目存在的职业病危险源包括： 1. 噪声 (1)健康危害：致使听力减弱、下降，时间长可引起永久耳聋，并引发消化不良，呕吐、头痛、血压升高、失眠等全身性病症。 (2)理化特性：声强和频率的变化都无规律，杂乱无章的声音。 (3)应急处理：使用防声器如：耳塞、耳罩、防声帽等。如发现听力异常，则到医院检查、确诊。 (4)注意防护：利用吸声材料或吸声结构来吸收声能；佩戴耳塞、隔声间、隔声屏，将空气中传播的噪声挡住、隔开。合理安排工作和休息：适当安排工间休息，休息时离开噪声环境。 2. 粉尘 (1)健康危害：长期接触生产性粉尘的作业人员，当吸入的粉尘到达一定数量时即引发尘肺病。还可以引发鼻炎、咽炎、支气管炎、皮疹、皮炎、眼结膜损害等。 (2)理化特性：无机性粉尘、有机性粉尘、混合性粉尘。 (3)应急处理：发现身体状况异常时要及时去医院检查治疗。 (4)注意防护：必须佩戴个人防护用品，按时、按规定对身体状况进行定期检查、对除尘设施定期维护和检修，确保除尘设施运转正常，工作场所禁止饮食、吸烟。 3. 电离辐射 (1)健康危害：电离辐射可引起放射病，短时间内接受照射，可引起机体的急性损伤，长时间接受可引起慢性放射性损伤，如皮肤损伤、造血障碍，白细胞减少、生育力受损等；还可以致癌和引起胎儿的死亡和畸形。 (2)理化特性：具有波的特性和穿透能力，分为外照射和内照射。 (3)应急处理：发现身体不适时及时到医院检查、救治。 (4)注意防护：外照射采取间隔防护、距离防护、屏蔽防护。内照射采取围封隔离、除污保洁和个人防护。 4. 电焊烟尘 (1)健康危害：吸入这种烟尘会引起头晕、头痛、咳嗽、胸闷气短等，长期吸入会造成肺组织纤维性病变，即焊工尘肺，且常伴随锰中毒、氟中毒和金属烟热等并发症。电焊工尘肺的发病发展缓慢，病程较长，一般发病工龄为 15 ~ 25 年。 (2)理化特性：在温度高达 3000 ~ 6000 摄氏度的电焊过程中，焊接原材料中金属元素的蒸发气体，在空气中迅速氧化、凝聚，从而形成金属及其化合物的微粒。这种烟尘含有二氧化硅、氧化锰、氟化物、臭氧、各种微量金属和氮氧化物的混合物烟尘或气溶胶，逸散在作业环境中。 (3)应急处理：电焊作业中如发生不适症状或中毒现象，应立即停止工作，脱离现场到空气新鲜处，并及时送医院就医。 (4)注意防护： ①改善作业场所的通风状况，封闭或半封闭结构内焊接时，必须有机械通风措施。

续上表

②加强个人防护,焊接人员必须佩戴符合职业卫生要求的防尘面罩或口罩。 ③强化职业卫生宣传教育,自觉遵守职业卫生管理制度,做好自我保护。 ④加强岗前、岗中职业健康体检及作业环境监测工作,提前预防和控制职业病。 ⑤提高焊接技术,改进焊接工艺和材料。 5. 电焊弧光 (1)健康危害: ①对视觉器官的影响:强烈的电焊弧光对眼睛,会产生急、慢性损伤,会引起眼睛畏光、流泪、疼痛、晶体改变等症状,致使视力减退,严重的可导致角膜结膜炎(电光性眼炎)或白内障。 ②对皮肤组织的影响:强烈的电焊弧光对皮肤会产生急、慢性损伤,出现皮肤烧伤感、红肿、发痒、脱皮,形成皮肤红斑病,严重可诱发皮肤癌变。 (2)理化特性:焊接过程的弧光由紫外线、红外线和可见光组成,属于电磁辐射范畴。光辐射作用到人体上,被体内组织吸收,引起组织的热作用、光化学作用,能导致人体组织发生急性或慢性损伤。 (3)应急处理:轻症无须特殊处理。重者可用丁卡因滴眼,新鲜人乳、牛奶滴眼效果明显。 (4)注意防护: ①焊工必须使用镶有特制护目镜片的面罩或头盔,穿好工作服,戴好防护手套和焊工防护鞋。 ②多台焊机作业时,应设置不可燃或阻燃的防护屏。 ③采用吸收材料作用室内墙壁饰面以减少弧光的反射。 ④保证工作场所的照明,消除因焊缝视线不清点火后戴面罩的情况发生。 ⑤改革工艺,变手持式焊为自动或半自动焊,使焊工可在远离施焊地点作业。 6. 有害气体 (1)健康危害: ①危害分解物:一氧化碳、二氧化碳、碳氢化合物之灰烬。 ②暴露途径:胶粒遇热分解反应释出浓烟、蒸气。 ③症状:刺激眼睛。若大量吸入可能造成头晕。 (2)特殊状态下的危害反应: ①加热会释放有害气体,可能引发火灾。 ②燃烧之危险物包括:黑色浓烟,并产生一氧化碳、二氧化碳、碳氢化合物之灰烬。 ③应避免状况:热、火花、火源。 (3)应急处理: ①眼睛接触: a. 若有不适,立即送医。若接触胶粒或粉末,立刻用大量清水清洗至少 20 分钟。 b. 粉末及微细胶粒之防护,请依照规定佩戴安全器具。 c. 若是接触树脂胶粒释放出大量高温度之气体,立刻用大量清水清洗至少 20 分钟。 d. 立即就医。 ②吸入:若是吸入树脂胶粒热熔而释放出的气体,应立即将患者移到有新鲜空气处。 ③皮肤接触:若是接触胶粒或粉末,应以流动的水或淋浴冲洗之,再以清洁剂洗。 (4)注意防护: ①加强有限空间排风。

续上表

<table>
<tr><td>②做好个人防护,根据需要正确佩戴防护用品。
③定期和实时监测作业场所空气环境。
三、为了您的安全进入施工现场请自觉遵守:
1. 进入施工现场必须佩戴安全帽。
2. 着装要规范,不得穿拖鞋、赤脚、打赤膊。
3. 做到“四不伤害”(不伤害自己、不伤害他人、不被他人伤害、保护他人不受伤害)。
4. 各个工种作业人员必须配备与本工种相应的劳保用品。
5. 禁止操作非本工种使用的机械设备。
6. 禁止酒后上岗作业或带病作业。
7. 施工现场禁止追逐打闹。
8. 严格遵守安全操作规程。
9. 电焊工必须持证上岗,作业时佩戴有害气体防护口罩、眼睛防护罩,杜绝违章作业,采取轮流作业,杜绝施工操作人员的超时工作。
10. 加强作业区的通风排风。
11. 对噪声大的机械加强日常保养和维护,减少噪声污染</td></tr>
<tr><td>被告知人:　　　　　　　　　　　　　　　　　　　　　　　　年　月　日</td></tr>
</table>

参考文献

[1] 浙江省交通运输厅. 省交通运输厅关于印发《浙江省交通建设工程推进平安百年品质工程建设实施方案》的通知[EB/OL]. (2023-12-19)[2024-12-19]. http://jtyst.zj.gov.cn/art/2023/12/19/art_1229114320_2502026.html.

[2] 李杨,赵明华,刘钢,等. 公路工程施工班组长安全素质调查与对策分析[J]. 中国安全生产科学技术,2017,13(S2):213-217.

[3] 中国建筑业协会. 建筑劳务班组长职业能力评价标准:T/CCIAT 0049—2023[S]. 北京:中国建筑工业出版社,2023.

[4] 秦云云. 班组长安全领导力对建筑工人安全行为影响路径及驱动策略研究[D]. 阜新:辽宁工程技术大学,2022.